中國古代珍本術數叢刊

改良三命通會

（明）萬民英　著

華齡出版社

责任编辑：薛　治
责任印制：李未圻

改良三命通会 /（明）万民英著．—北京：华龄出版社，2011.7
ISBN 978-7-80178-848-1
Ⅰ.①改．Ⅱ.①万．Ⅲ.①命书—中国—明代
Ⅳ.①B992.3
中国版本图书馆 CIP 数据核字（2011）第 144619 号

书　　名：改良三命通会
作　　者：（明）万民英　著

出 版 人：胡福君
出版发行：华龄出版社
地　　址：北京市东城区安定门外大街甲 57 号　邮　　编：100011
电　　话：（010）58122246　传　　真：（010）84049572
网　　址：http://www.hualingpress.com

印　　刷：三河市同雅汉纸印刷有限公司
版　　次：2011 年 10 月第 1 版　2019 年 11 月第 4 次印刷
开　　本：680×800　1/8　印　　张：72
字　　数：608 千字　印　　数：601～650
定　　价：980.00 元(1 函 4 册)

中國古代珍本術數叢刊

欽定三命通會

(明)萬民英 著

華齡出版社

改良三命通會

民國丙寅上海
中原書局石印

改良三命通會

民國丙寅上海
中原書局石印

補刻三命通會叙

夫命豈易言哉其旨深其義奥其理直上通夫乾元無極之微是以聖人惟恐人之鈎玄索隱而罕言之命豈易言哉然夫子又曰不知命無以爲君子者何居蓋富貴利達命也困窮死喪亦命也苟其不知一若世之可欣可羨者竟可僥倖而得孰肯居易以俟之世之可驚可愕者皆可視避而免孰肯順受其正耶不幾宇宙之大林總之繁相率爲行險者流而綱常名教日用當然之道不且絶滅於今古哉吾知命雖聖人所罕言而爲君子者又不可不知也予幼隨先君子宦遊兩浙與二三博洽士剖晰玄微畧知毛髪後予守郡齊安聞津門有三命通會一書最善時 宫保田公巡視長蘆遂寓書購之不可得今予來司轉運旁搜徧訪知雕板尚藏滄洲李氏家顧已殘失百十篇惜哉古錢掘得輪廓槎牙斷碣捫來觚稜缺蝕今昔同嗟良有以夫遂求其遺帙校正付剞劂補全之而爲之叙曰古來之爲子臣弟友者往往有事君而天澤之義不講事親而明發之懷不生以及昆弟朋友之間彼責此尤爾虞我詐求如棠棣之章伐木之什

者甚難亦獨何歟今而知總由於不知命之故蓋天之隨人賦予原自有限量而不容非分要求滿腔怨懟者今觀是書所載悉以日時爲主附麗年月孰者富貴利達造其極孰者困窮死喪終其身千變萬態不爽秋毫援往徵來瞭如指掌其於陰陽遞嬗五行生尅之道言之詳而且密苟世之學士大夫深求而黙體之雖不能直窮夫乾元無極之微而事之可欣可羨可驚可愕者一存乎吾命之固然俱無庸絲毫趨避於其際吾知節性防淫懲忿窒慾之中自實踐夫日用綱常之道居易以俟順受其正以漸臻君子之域不難矣又何必以旨深義奥而諱言命哉予言未竟有戶外之士揖而進曰如子所言是三命通會一書不僅爲術士衣鉢直可以正人心而維風俗歟予笑而不言遂舉其説以弁諸簡端并以告世之觀是書者是爲叙

時

雍正乙卯花朝長蘆都轉鹽運使司運使管鹽法道事蘿村蔣國祥撰

繡谷同人堂梓

三命通會總目

三命通會目錄

洛書之圖

河圖

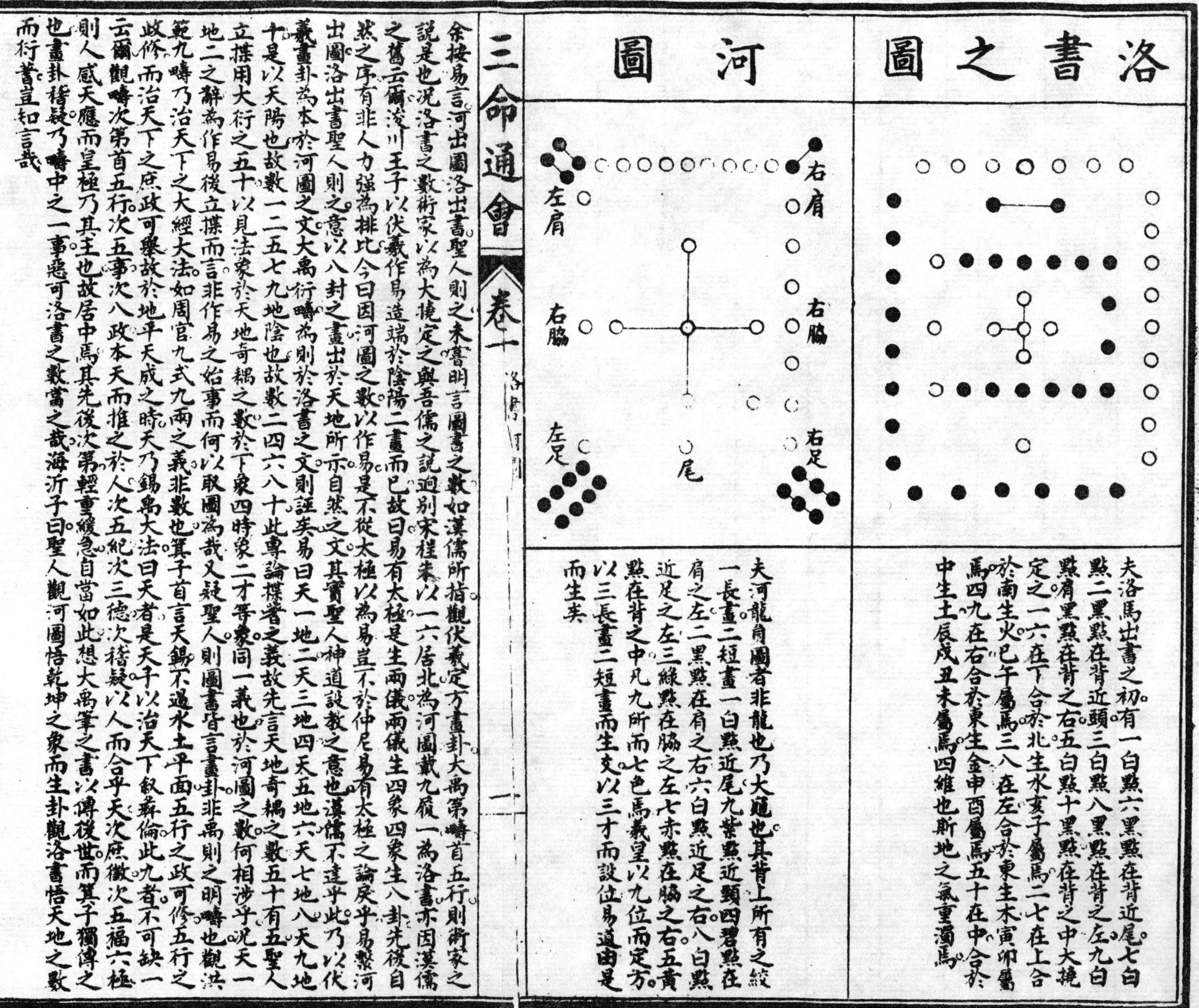

夫洛馬出書之初。有一白點六黑點在背近尾。七白點二黑點在背近頭。三白點八黑點在背之左。九白點宥黑點在背之右。五白點十黑點在背之中大撓定之。一六在下合於北生水亥子屬焉。二七在上合於南生火。巳午屬焉。三八在左合於東生木寅卯屬焉。四九在右合於東生金申酉屬焉。五十在中合於中生土辰戌丑未屬焉。四維也斯地之氣重濁焉

夫河龍負圖者非龍也乃大龍也其背上所有之紋一長畫。二短畫一白點近尾九紫點近頸四碧點在肩之左二黑點在肩之右六白點近足之右八白點近足之左三綠點在脇之左七赤點在脇之右五黃點在背之中。凡九所而七色焉羲皇以九位而定方以三長畫二短畫而生爻。以三才而設位易道由是而生矣

余按易言河出圖洛出書。聖人則之未嘗明言圖書之數如漢儒所指觀伏羲定方畫卦大禹第疇首五行則術家之說是也況洛書之數術家以為大撓定之與吾儒之說迥別宋程朱以一六居北為河圖戴九履一為洛書亦因漢儒之舊云爾淺川王子以伏羲作易造端於陰陽二畫而已故曰易有太極是生兩儀兩儀生四象四象生八卦先後自然之序有非人力強為排比今曰因河圖之數以作易是不從太極以為易豈不於仲尼易有太極之論戾乎易繫河出圖洛出書聖人則之意以八封之畫出於天地所示自然之文其實聖人神道設教之意也漢儒不達乎此乃以伏羲畫卦為本於河圖之文大禹衍疇為則於洛書之文則誣矣易曰天一地二天三地四天五地六天七地八天九地十是以天陽也故數一二五七九地陰也故數二四六八十此專論揲蓍之義故先言天地奇耦之數五十有五聖人立揲用大衍之五十以見法象於天地奇耦之數於下象四時象二才等象同一義也於河圖之數何相涉乎況天一地二之辭為作易後立揲而言非作易之始事而何以取圖為哉又疑聖人則圖書皆言畫卦非禹則之明疇也觀洪範九疇乃治天下之大經大法。如周官九式九兩之義非數也箕子首言天錫不過水土平而五行之政可修五行之政修而治天下之庶政可舉故於地平天成之時天乃錫禹大法曰天者是天子以治天下敘彝倫此九者不可缺一云爾觀疇次第首五行。次五事次八政本天而推之於人次五紀次三德次稽疑以人而合乎天次庶徵次五福六極則人感天應而皇極乃其主也故居中焉其先後次第輕重緩急自當如此想大禹筆之書以傳後世而箕子獨傳之也畫卦稽疑乃疇中之一事惡可洛書之數當之哉海沂子曰。聖人觀河圖悟乾坤之象而生卦觀洛書悟天地之數而衍蓍豈知言哉

河圖

洛書之圖

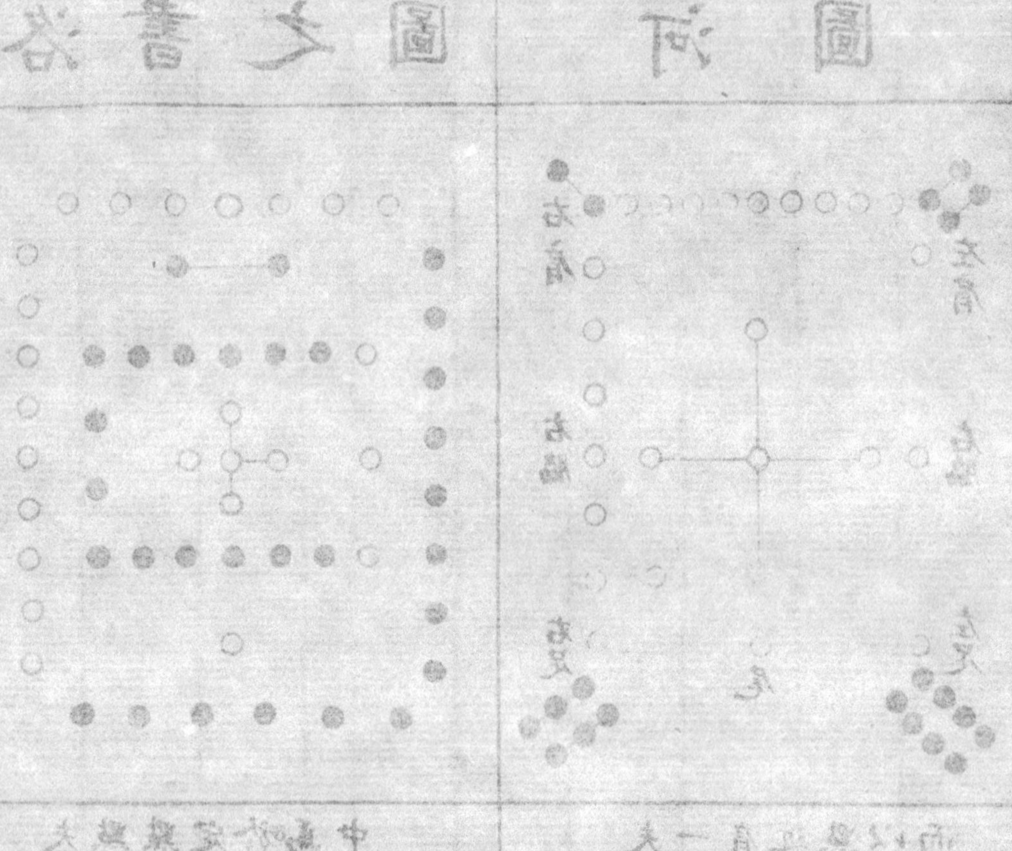

賤壽夭之不一。其故何也。答曰。陰陽二氣交感之時。禀真精妙合之氣。凝結為胎。成男成女。得天地父母一時氣候。是以禀其清者為智為賢。禀其濁者為愚為不肖。智者賢者。由是或富或貴或壽。必有所得。所謂德足以獲福也。愚者不肖者不能自奮。日益昏蔽。則貧賤與夭。有不能免。所謂不愚不移者也。其富貴而全者。原禀清輕之氣。生逢得令之時。兼以財官享通。祿馬旺相。其運於限。甚吉甚祥。縱有少晦。不係駁雜。其貧賤兼有者。原禀重濁之氣。生逢失令之時。刑衝駁雜。無些順美。雖無禍患侵擾。未免蹇滯不前。又有富而貧。貧而富。貴而賤。賤而貴。壽而夭。夭而壽者。又有為賢為智而反貧賤。為愚不肖而反富貴者。天地間之人。萬有不齊。此亦四時五行偏正得失。向背淺深之氣之所致也。故當時元氣雖禀輕清。然而生於衰敗之時。行休囚之運。富者損失財源。貴者剝官退位。壽者夭閼不祿。其元氣雖禀重濁。其人生中和之令。行旺相之運。貧不終貧而為富。賤不終賤而為貴。夭不終夭而為壽。雖然。修為在人。人定勝天。命禀中和。性加積善。豈但一身享福已哉。而子子孫孫。榮昌利達。理宜然也。命值偏枯。性加積惡。非惟自身值禍已也。而子子孫孫。落落人下。得非報與。由此言之。雖係于命。亦在於人之積與不積耳。易曰。積善之家。必有餘慶。積不善之家。必有餘殃。始此之謂歟。耕野子曰。天一氣。爾氣化生水。水中滓濁。積而成土。水落土出。遂成山川。土之剛者成石而金生焉。土之柔者生木。而火生焉。五行具。萬物生。而變化無窮矣。浚川子曰。天地之初。惟有陰陽二氣而已。陽則化火。陰則化水。水之渣滓便結成地。渣滓成地。即土也。何至天五方言生土。水火土。天地之大化。金木者三物之所自出。金石之質。必積久而後結。生之必同於人物。謂金之氣主人。得乎哉。且天地之間。無非元氣之所為。其性其種。已各具太始之先。金有金之種。水有水之種。人有人之種。物有物之種。各各完具。不相假借。不相凌犯。而謂五行遞互相生。可乎。今五行家以金生水。厥類懸絕。不侔厥理。顛倒失次。不知木以火為氣。以水為滋。以土為宅。此天然至道。而曰水生木。無土將附木於何所。水多火滅。土絕木且死矣。夫安能生。周子惑於五行家之說。而謂五氣順布。四時行焉。不知日有進退。乃成寒暑。寒暑分。乃成四時。於五氣之布何與焉。其曰春木夏火秋金冬水。皆假合之論。土無所歸。配於四季。不知土之氣在天地內。何日不然。何處不有。何止流行於季月之晦。季月之晦尚有。而孟月之朔即滅。其滅也歸於何所。其來也孰為命之。天一生水。乃緯書之辭。而儒者援以入經。水火者陰陽始生之妙物也。故一化而為火。日是也。再化而為水。雨露是也。今曰天一生水。地二生火。戾於造化本然之妙。可乎。其折朱子以四時流行之氣。論五行天地奇耦之數。論五行。太極圖陽變陰合而生水火木金土。論五行。其折五行配四時。如五行家四時各主其一。春止為木。則水火土金之氣孰絕滅之。秋止為金。則水火土木之氣孰留停之。土惟旺於四季。則餘月之氣孰把而不使之運。又安有今日為木。明日為火。又明日為土為金為水乎。按王氏之說。有理而非達觀之見。珞琭子曰。以為有也。是從無而立。有以為無也。天垂象以示文。夫天垂日月五星三垣二十八宿之象。觀天王會通其立名分野。是亦人為之耳。而義象符合。至災祥吉卜。或屬類某事。或指見某方。應於某年月日。如探左契。雖天道玄遠。亦不外人事。與五行陰陽家以十干十二支分為五行。因日與天會而為歲。月與日會而為月。日有三十。時有十二。以人生年月日時所得干支。立為四柱。以推一生吉凶。亦理之自然者也。王氏以春屬木而土何在。不知五行旺相死休囚。各主其當時。不當時用事不用事而言。非為春木旺而土則無。十干十二支錯綜為六十甲子。週而復始。不假安排。即造化之所生也。非為今日屬木。明日屬火。便非天道之自然。不思人立而天從之。人感而天應之。即天象立名分野之義。天人合一之道也。觀一日有早午晏晚。自有溫涼寒熱氣候。是金木水火土備於一日。五行之不相離如此。謂今日木。明日火。又何莫而非天道之自然也耶。且朝廷造曆頒之天下。其載一年三百六十五日。中間一年之神煞方位。每月之天行德旺。而一日之中。又有黑黃吉凶事之宜與不宜。人遵之則福。違之則禍。是果無理強造。而率天下以必從哉。又相人術。觀氣色之青黃赤白黑。而決禍福。應於某年月日時。青則甲乙。黃則戊己。赤則丙丁。白則庚辛。黑則壬癸。一毫不爽。察病亦然。觀素問可見。是干支雖所以紀日。而造化不外是也。又人之精神夢寐。預兆吉凶。古之人或以意斷。或以物象。或以自解。或以音叶。皆人為之也。而吉凶不能外焉。是有是人而後有是夢。因是夢而求是人。造化且不外。而況干支五行。自有天地。便有此理。因有此理。便生是人。人與天一也。外人以言天。外天以言人。皆誣矣。若伏羲畫卦。仰觀俯察。遠稽近取。是得天地人物之理。而八卦所由作也。今之談陰陽者。雖窮極天地之變。探索人物之微。彰往察來。因著知微。與天地合其德。與日月合其明。與四時合其序。與鬼神合其吉凶。亦豈能外干支五行。而別有造化以盡天地人物之大哉。今王氏知尊易而不信陰陽家說。是知有理而不知有數也。理數合一。天人亦然。神而明之。存乎其人焉耳

論五行生成

天高寥廓。六氣回旋。以成四時。地厚幽深。五行化生。以成萬物。可謂無窮而莫測者也。聖人立法以推步者。蓋不能逃

其數觀其立數之因。亦皆出乎自然。故載於經典。同而不異。推以達其機。窮以通其變。皆不離於數內。一曰水。二曰火。三曰木。四曰金。五曰土者。咸有所自也。水北方子之位也。子者陽之初一陽數也。故水曰一。火南方午之位也。午者陰之初。二陰數也。故火曰二。木居東方。東陽也。三者奇之數。亦陽也。故木曰三。金居西方。西陰也。四者偶之數。亦陰也。故金曰四。土應西南長夏。五者奇之數。亦陽也。故土曰五。由是論之。則數以陰陽而配者也。若玫其深義。則水生於一。天地未分。萬物未成之初。莫不先見於水。故靈樞經曰。太乙者。水之尊號。先天地之母。後萬物之源。以今驗之。草木子實未就。人蟲胎卵胎胚皆水也。豈不以為一。及其水之聚而形質化。莫不備陰陽之氣在中而後成。故物之小而味苦者。火之兆也。物熟則甘。土之味也。甘極而反淡。淡木也。然人稟父母陰陽生成之化。故先生二腎。左腎屬水。右腎屬火。火曰命門。則火之因水而後見。故火曰次二。蓋草木子實大小雖異。其中皆有兩以相合者。與人腎同。亦陰陽之兆。是以萬物非陰陽合體。則不能化生也。既陰陽合體。然後而春生而秋成。故次三曰木。次四曰金。蓋水有所屬。火有所藏。木有所發。金有所別。莫不皆因土而後成也。故次五曰土。木居於東。金居於西。火居於南。水居於北。土居於中央而寄位四維。應令四季。在人四支。故金木水火皆待土而後成。兼其土數五以成之。則水六。火七。木八。金九。土常以五之生數。不可至十者。土不待十以成。是生成之數皆五以合之。明大衍之數。由是以立。則萬物豈能逃其數哉。三陰三陽正化者。從本生數。對化者。從標成數。五運之紀。則太過者其數成。不及者其數生。各取其數之生成多少。以占政令氣化。復著之述作。蓋明諸用也。周子曰。五行之序。以質之所生而言。則水本是陽之濕氣。以其初動為陰所陷。而不得遂。故水陰勝。火本是陰之燥氣。以其初動為陽所檢。而不得達。故火陽勝。蓋生之者微。成之者盛。生之者形之始。成之者形之終也。然各以偏勝言也。故雖有形而未成質。以氣升降。土不得而制焉。木則陽之濕氣侵多。以感於陰而舒。故發而為木。其質柔。其性暖。金則陰之燥氣侵多。以感於陽而縮。故結而為金。其質剛。其性寒。土則陰陽之氣各盛。相交相搏。凝而成質。以氣之行而言。則一陰一陽。往來相代。木火金水土者。各就其中而分老少耳。故其序各由少而老。土則分旺四季。而位居中者也。此五者若參差而造化所以為發育之具。實並行而不相悖。蓋質則陰陽交錯。凝合而成。氣則陰陽兩端。循環不已。質曰水火木金。蓋以陰陽相間言。猶曰東南西北。所謂對待者也。氣曰木火金水。蓋以陰陽相因言。猶曰東南西北。所謂流行者也。質雖一定而不易。氣則變化而無窮。所謂易也。程子曰。動靜陰陽之本也。五行之運。則參差不齊矣。張子曰。木曰曲直。能既曲而反伸也。金曰從革。一從革而不能自反也。水火氣也。故炎上潤下。與陰陽升降。土不得而制焉。木金者。土之華實也。其性有水火之雜。故木之為物。水漬則生。火然而不離也。蓋得土之浮華於水火之交也。金之為物。得火之精於火之燥。得水之精於水之濡。故水火相待而不相害。鑠之反流而不耗。蓋得土之精。實於水火之際也。土者物之所以成始而成終也。地之質也。化之終也。水火之所以升降。物兼體而不遺者也。又曰。陽陷於陰為水。陰附於陽為火。朱子曰。五行之序。木為之始。水為之終。而土為之中。以河圖洛書之數言之。則水一木三而土五。皆陽之生數而不可易者也。故得以更迭為主。而為五行之綱。以德言之。則木為發生之性。水為貞靜之體。而土又包育之母。故水之包五行也。以其流通貫徹而無不在也。木之包五行。以其歸根反本而藏於此也。若夫土則水火之所寄。金木之所資。居中而莫四方。一體而載萬類者也。又曰。水火清。金木濁。土又濁。邵子曰。金火相守則流。木火相得則然。從其類也。水遇寒則結。遇火則竭。從其所勝也。

論五行生尅

五行相生相尅。其理昭然。十干十二支。五運六氣。歲月日時。皆自此立。更相為用。在天則為氣。寒暑燥濕風。在地則成形。金木水火土。形氣相感而化生萬物。此造化生成之大紀也。原其妙用。可謂無窮矣。

木主於東。應春。木之為言觸也。陽氣觸動。冒地而生也。水流趨東以生木也。木上發而覆下。乃自然之質也。

火主於南。應夏。火之為言化也。燬也。陽在上。陰在下。燬然盛而變化萬物也。鑽木取火。木所生也。然火無正體。體本木焉。出以應物。盡而復大。乃自然之理也。

金主於西。應秋。金之為言禁也。陰氣始禁止萬物而揫斂。披沙揀金。土所生也。生於土而別於土。乃自然之形也。

水主於北。應冬。水之為言潤也。陰氣濡潤。任養萬物也。水西而東。金所生也。水流曲折。順下而達。乃自然之性也。

土主於中央。兼位西南。應於長夏。土之為言吐也。含吐萬物。將生者出。將死者歸。為萬物家。故長於夏末。火所生也。土或勝水。水乃反土。自然之義也。五行相尅。子皆能為母復讎者也。木尅土。土之子金。反尅木。金尅木。木之子火。反尅金。火尅金。金之子水。反尅火。火尅水。水之子土。反尅水。土尅水。水之子木。反尅土。互能相生。乃其始也。互能相尅。乃其終也。皆出乎天之性也。素問所謂水生木。木復生火。是木受竊氣。故水怒而尅火。即子逢竊氣。母乃力爭。與母被鬼傷。子來力救。其義一也。强可攻弱。土得木而達。實可勝虛。水得土而絕。陰可消陽。火得水而滅。烈可敵剛。金得火而缺。堅可

論五行生剋

制柔木得金而伐。故五者流行而更轉。順則相生。逆則相尅。如是則各各為用。以成其道而已。

論支干源流

夫干。猶木之幹。强而為陽。支猶木之枝。弱而為陰。昔盤古氏明天地之道。達陰陽之變。為三才首君。以天地既分之後。先有天而後有地。由是氣化而人生焉。故天皇氏一姓十三人。繼盤古氏以治。是曰天靈。澹泊無為。而俗自化。始制干支之名。以定歲之所在。其十干曰閼逢。旃蒙。柔兆。强圉。著雍。屠維。上章。重光。玄黓。昭陽。十二支曰困敦。赤奮若。攝提格。單閼。執徐。大荒落。敦牂。協洽。涒灘。作噩。閹茂。大淵獻。蔡邕獨斷曰。干幹也。其名有十。亦曰十母。即今甲乙丙丁戊己庚辛壬癸是也。支枝也。其名一有二。亦曰十二子。即今子丑寅卯辰巳午未申酉戌亥是也。謂之天皇氏者。取其天開於子之義也。謂之地皇氏者。取其地闢於丑之義也。謂之人皇氏者。取其人生於寅之義也。故干支之名。在天皇時始制。而地皇氏則爰定三辰。道分晝夜。以三十日為一月。而干支始各有所配。人皇氏者。主不虛王。臣不虛貴。政教君臣所自起。飲食男女所自始。始得天地陰陽之氣。而有子母之分。於是干支始各有所屬焉。至於伏羲仰觀象於天。俯觀法於地。中觀萬物與人。始畫八卦。以通神明之德。以類萬物之情。以作甲歷。而文字生焉。逮及黃帝授河圖。見日月星辰之象。於是始有星官之書。命大撓探五行之情。古斗綱所建。於是始作甲子。配五行納音之屬。路史云。伏羲命潛龍氏筮之。乃迎日推筴相剛。建造甲子。以命歲時。配天為幹。配地為枝。枝幹配類。以網維乎四象。故情偽相感。而星辰以順則。至黃帝命大撓探五行之情。考天書三式。以十干十二支。行而成六十。取納音聲而定之。為納音。即甲子乙丑海中金之類是也。風后釋之以致其用。而三命行矣。彼術家以皇帝定天干十字。屬河之圖。地支十二。屬洛之書。以鬼谷子等成納音。東方朔解納音象。皆不得其源而妄云也。浚川王氏曰。昔大撓作甲子。名書無有窮已。便於紀時。偶爾定之。若推考其源。必日月初轉之日。而後為甲子可也。天之開。尚未有地。安能有人。尚未有人。孰從而傳以記之。以為本於十二辰之常而知之耶。天地之運。如環無端。運周一元。磨礚之轉。獨不再始乎。日周十二時。天之運。獨不再子乎。一元之上。安知其不有一元耶。況歷元之度。牛斗之變。歲差遠矣。後世之歷。各自為據。以求合時。爾古歷之法。隨世亡矣。安能筭而合之。今之言甲乙者。必曰實有木氣主之。而今日木。明日火。後日土。不亦誣乎。或曰。大撓占斗柄而造甲子。必能逆遡天地之始。故以年甲子。月甲子。日甲子。時甲子為歷元。不思占斗柄止可定十二月。天地初開闢。日月如合璧。五星如連珠。俱起於牽牛之初。而後可以定夜半之冬至。此乃死法。故孟子以為千歲之歷。可坐而致。以今之歷考之。如所云云。則天地之開闢者。亦數矣。是豈天地之始耶。日月初轉之始耶。文字未興。天運無稽。又安能書推之也耶。按王說果為有見。然古今高人達士。稽考天數。推察陰陽。以太乙數而推天運吉凶。以六壬而推人事吉凶。以奇門而推地方吉凶。以年月日時而推人一生吉凶。如天罡淳風一行虛中輩。無不奇中。抑又何耶。若如王氏所說。前皆不足信矣。其然。豈其然乎。

論十干名字之義

天氣始於甲子。地氣始於子支者。乃聖人究乎陰陽重輕之用也。著明以彰其德。立號以表其事。由是干甲相合。然後成紀。遠可步於歲。而統六十年。近可推茲日。而明十二時。歲運之盈虛。氣令之早晏。萬物生死。將今驗古。或得而知之。非特是也。將致其細。而知未萌之禍福。明其用。而察向往之死生。則精微之義。可謂大矣。是以東方甲乙。南方丙丁。西方庚辛。北方壬癸。中央戊己。五行之位也。蓋甲乙其位木。得春之令。甲乃陽內而陰。尚包之草木始甲而出也。乙者陽過中。然未得正方。尚乙屈也。又云。乙軋也。萬物皆解莩甲。自抽軋而出之。丙丁其位火。行夏之令。丙乃陽上而陰下。陰內而陽外。陽丁其强。適能與陰氣相丁。又云。丙炳也。萬物皆炳然著見而强大。戊己其位。土行周四季。戊陽土也。萬物生而出之。萬物伐而入之。己陰土也。無所為而得已者也。又云。戊茂也。己起也。土行四季之末。萬物蒼秀者。抑屈而起也。庚辛其位金。行秋之令。庚乃陰干。陽更而續者也。辛乃陽在下。陰在上。陰干陽極於此。庚更故也。而辛新也。庚辛皆金。金味辛。物成而後有味。又云。萬物肅然更改。秀實新成。壬癸其位水。行冬之令。壬之言任也。壬乃陽生之位。壬而為胎。萬物懷妊於壬。與子同意。癸者揆也。天令至此。萬物閉藏。懷妊於其下。揆然萌芽。此天之道也。以為日各焉。故經曰天有十日。日六竟而周甲者此也。蓋天地之甲丙戊庚壬為陽。乙丁己辛癸為陰。五行各一陰一陽。故有十日也。

論十二支名字之義

夫清陽為天。五行彰而十干立。濁陰為地。八方定而十二支分。運移氣遷。歲歲而盈虛應紀。上升下降。物物而變化可期。所以支干配合。共臻妙用矣。子者北方至陰寒水之位。而一陽肇生之始。故陰極則陽生。壬而為胎。子之為子。此十一月之辰也。至丑陰尚執而紐之。又丑陰也。助也。謂十二月終始之際。以結紐為名焉。寅正月也。陽已在上。陰已在下。

人始見之時。故律管飛灰。以候之。可以述事之始也。又寅演也。津也。謂物之津塗。卯日升之時也。又卯茂也。言二月陽氣盛。而孳茂。辰者。陽已過半。三月之時。物盡震而接。又謂辰言震也。巳者四月。正陽。而無陰也。自子至巳陽之位。陽於是盡。又巳起也。物畢盡而起。午者。陽尚未屈。陰始生而為主。又云午長也。大也。物至五月。皆豐滿長大也。未六月。木已種而成矣。又云未味也。物成而有味。與辛同意。申者七月之辰。申陽所為而已。陰至於申。則上下通。而人始見白露。葉落。乃其候也。可以述陰事以成之。又云申身也。言物體皆成。酉奇日入之時。乃陽正中。八月也。又云酉緧也。萬物皆緧縮收斂。九月戌。陽未既也。然不能事。潛藏於戌。戌中乃乾位。戌為天門故也。又云。戌滅也。萬物皆衰滅矣。十月亥。純陰也。又亥劾也。言陰氣劾殺萬物。此地之道也。故以此名月焉。

甲之干。乃天之五行。以一陰一陽言之。子之支。乃地之五行。以地之方隅言之。故子寅午申為陽。卯巳酉亥為陰。土居四維。至在四季之末。土有四。辰戌為陽。丑未為陰。故其數不同也。合而言之。十配十二。共成六十日。復六六而成歲。故經曰。天以六六之節。以成一歲。此之謂也。陳搏曰。天干始於甲。而終於癸。河圖生成之數也。地支起於子。而終於亥。洛書奇偶之數也。陽自復始。六變而乾陽備。陰自姤始。六變而坤陰成。合二六之數。而為十二辰也。夫甲丙戊庚壬陽幹也。子寅辰午申戌陽枝也。乙丁己辛癸陰幹也。丑卯巳未酉亥陰枝也。法以陽幹配陽枝。陰幹配陰枝。猶木之有幹而有枝。自甲子為首。以六甲五子。次第推排。而盡於癸亥。仍以幹枝本數。而計其成數。總其成數。幹枝若干。然後以五數除之。過其有剩者。約之以生五行之音。是為六甲納音。聖人推之以入用。以分金。六十位定布於二十四位。以正五行。為各宮之主。以六甲大五行為緯。察其分金胎養衰死之氣。定其孤虛旺相之卦。內有戊巳為寵。甲空亡。甲乙為補接之空。以是消息陰陽。凡立尊乘氣定命。納音皆宗乎此。

總論納音

夢觀筆談。論六十甲子納音。本六十律。旋相為宮法也。一律含五音。凡氣始於東方。而右行。音起於西方。而左行。陰陽相錯而生變化。所謂氣始於東方者。四時始於木。右行傳於火。火傳於土。土傳於金。金傳於水。所謂始於西方者。五音始於金。左旋傳於火。火傳於木。木傳於水。水傳於土。納音於易納甲同法。乾納甲。坤納癸。始於乾而終於坤。納音始於金。金乾也。終於土。土坤也。五行之中。惟有金鑄而為器。則音聲彰。納音所以生金。白虎通曰中。兌音也。

納音之法。曰類娶妻。隔八生子。此漢志語也。律呂相生之法也。甲子金之仲。同位娶乙丑。隔八下生壬申金之孟。壬申同位娶癸酉。隔八上生庚辰金之季。庚辰同位娶辛巳。隔八下生戊子火之仲。戊子娶己丑。生丙申火之孟。丙申娶丁酉。生甲辰火之季。甲辰娶乙巳。生壬子木之仲。如是左行至於丁巳。中呂之宮。五音一終。復自甲午金之仲。娶乙未。隔八。生壬寅。一如甲子之法。終於癸亥。自子至于巳為陽。故自黃鍾至于中呂。皆下生。自午至于亥為陰。故自林鍾至于應鍾。皆上生。夫上下生者。正謂天氣下降。地氣上升。易曰。天地交泰。義見於此。然所生止三者。亦三元之義。故經曰。三而成天。三而成地。三而成人。易爻之象取三。老子曰。一生二。二生三。三生萬物。蓋有始有終。有終畢矣。又觀路史云。甲乙木。丑未土。子水。而午火。六者無一金。而風后配合。乃以甲子乙丑。甲午乙未。為之金。此出乎數者然也。數之所合。變之所由出也。乾為天。坤為地。乾坤合而為泰。德為父。紅為母。德紅合而為東。干為君。支為臣。干支合而納音生。是故甲乙為君。子丑為臣。子丑甲乙合而為金。蓋五行之在天下。各有氣性有材位。或相濟。或相尅。若成器。未成器。旺中受絕。絕中受氣。惟相配而取之。為不同耳。此金數之所以難同。而又有海中沙中之異。或曰。甲乙以相尅取。甲嫁庚。乙嫁辛。甲乙遂有金氣。故凡木必受金胎。陽生於子水旺之地。故甲子乙丑為海中之陽金。陰生於午火旺之地。故甲午乙未為沙中之陰金。子陽之始。午陰之始。以甲加子。乙加丑。數之至午得庚。至未得辛。為陽索陰。以甲加午。乙加未。數至子丑。亦得庚辛。為陰匹陽。蓋亦旋宮之法。夫妻子母相濟相尅。相上相下。而吉凶之兆著矣。草有革與藠。獨食之殺人。合而食之有壽。金錫兩柔。合而煉之則剛。理固如是。又觀六微音論云。納音者。謂子午數至庚。丑未數至辛。寅申數至戊。卯酉數至巳。辰戌數至丙。巳亥數至丁。得七者。西方數皇之氣。納音屬金也。得三者。南方丹天之氣。納音屬火也。得九者。東方陽九之氣。納音屬木也。得一者。中央總統之氣。納音屬土也。得五者。北方玄極之氣。納音屬水也。假如甲子甲午。從甲至庚。乙丑乙未。從乙至辛。其數皆七。所以納音屬金。丙寅丙申。從丙至戊。丁卯丁酉。從丁至巳。其數皆三。所以納音屬火。戊辰戊戌。從戊至丙。己巳己亥。從己至丁。其數皆九。所以納音屬木。庚子庚午。辛未辛丑。其數皆一。所以納音屬土。丙子丙午。從丙至庚。丁未丁丑。從丁至辛。其數皆五。所以納音屬水。納干數也。所以只數其干。不數其支。如從丙至庚。即丙丁戊己庚。是其數五也。又如從甲至庚。即甲乙丙丁戊己庚。其數七。即路史之義。又瑞桂堂暇錄則云。六十甲子之納音。此以金木水火土之音而明之也。一六為水。二七為火。三八為木。四九為金。五十為土。然五行之中。惟

論納音

金木有自然之音水火土必相假而後成音蓋水假土火假水土假火故金音四九木音三八水音五十火音一六土音二七如甲子乙丑其數三十有四四者金之音故曰金戊辰己巳其數二十有八八者木之音故曰木庚午辛未其數三十有二二者火也土以火為音故曰土甲申乙酉其數三十十者土也水以土為音故曰水戊子己丑其數三十有一一者水也火以水為音故曰火凡六十甲子皆然蓋兩金兩木相擊自然成音而水必以土擊火必以水激相勝而成音土必以火陶成器而後有音亦自然之理也又一說六十甲子納音皆從五音所生有條不紊端如貫珠蓋甲子為首而五音始於宮宮土生金故甲子為金而乙丑以陰從陽商金生水故丙子為水而丁丑從之角木生火故戊子為火徵火生土故庚子為土羽水生木故壬子為木而己丑辛丑癸丑各從之至於甲寅則納音起於商商金生水故甲寅為水角木生火故丙寅為火徵火生土故戊寅為土羽水生木故庚寅為木宮土生金故壬寅為金而五卯各從之至甲辰則納音起於角角木生火故甲辰為火徵火生土故丙辰為土羽水生木故戊辰為木宮土生金故庚辰為金商金生水故壬辰為水而五巳各從之宮商角皆然惟徵羽不得居首於是甲午復如甲子甲申如甲寅甲戌如甲辰而五未五亥亦從各其類又一說大衍之數五十其用四十九先布四十九數卻用太玄數甲己子午九乙庚丑未八丙辛寅申七丁壬卯酉六戊癸辰戌五巳亥單名四以五數除不滿五者作納音屬水一火二木三金四土五相生取用便是如餘一水水生木餘二火火生土餘三木木生火餘四金金生水餘五土土生金假令甲子乙丑四位干支共除三十四數外有十五數以二五除一十餘剩得五數屬土土能生金是甲子乙丑金也丙寅丁卯四位干支除二十六數外有二十三數以四五除二十餘剩三數屬木木能生火是丙寅丁卯火也餘皆倣此大抵六十甲子歷也納音律也支干納音之別也此天地自然之數河圖生數也生者左旋故以中央之土而生西方之金西方之金而生北方之水北方之水而生東方之木東方之木而生南方之火南方之火而復申中央之土洛書尅數也尅者右轉故以中央之土而尅北與西北之水北與西北之水而尅西與西南之火西與西南之火而尅南與東南之金南與東南之金而尅東與東北之木東與東北之木而又尅中央之土無徵不通此納音之所為玅也斷斷乎出自黃帝無疑矣再考太玄數如何以甲己子午為九數蓋萬物者本乎天地運乎四時春以萬物滋長於艮秋以萬物凋零於坤生發歸藏莫離於土土者坤艮也易曰艮乃生物之始坤乃成物之終甲天干之首子地支之首二義之循環一陽之來復故甲子起於天地之數是也子一陽屬乾父道也甲壬配之從子數甲至申見壬得九數乾元用九也夫婦配合故甲己二干皆得九也丑上加乙至申得八故乙庚二干皆得八也寅上加丙至申得七故丙辛二干皆得七也卯上加丁至申得六故丁壬二干皆得六也辰上加戊至甲得五故戊癸二干皆得五也此天干起於乾也午為一陰屬坤臣道也乙癸配之從午加乙至寅見癸得九也子為一陽午為一陰夫婦之道故子午二支皆得九也丑加寅至未得八故丑未二支皆得八也以寅加申至寅得七故寅申二支皆得七也以卯加酉至寅得六故卯酉二支皆得六也以辰加戌至寅得五故辰戌二支皆得五也以巳加亥至寅得四故巳亥二支皆得四也數止於九不言十者十則又起一矣故凡十數則曰一十洛書數始於一終於九太乙圖書生尅自然之數也蓋術根理數無微不通此納音之所為玅也斷斷乎出自黃帝無疑矣再考太玄數如何以甲己子午為九數蓋萬物者本乎天地運乎四時春以萬物滋長於艮秋以萬物凋零於坤生發歸藏莫離於土土者坤艮也易曰艮乃生物之始坤乃成物之終甲天干之首子地支之首二義之循環一陽之來復故甲子起於天地之數是也子一陽屬乾父道也甲壬配之從子數甲至申見壬得九數乾元用九也夫婦配合故甲己二干皆得九也丑上加乙至申得八故乙庚二干皆得八也寅上加丙至申得七故丙辛二干皆得七也卯上加丁至申得六故丁壬二干皆得六也辰上加戊至申得五故戊癸二干皆得五也此天干起於乾也午為一陰屬坤臣道也乙癸配之從午加乙至寅見癸得九也子為一陽午為一陰夫婦之道故子午二支皆得九也丑加寅至未得八故丑未二支皆得八也以寅加申至寅得七故寅申二支皆得七也以卯加酉至寅得六故卯酉二支皆得六也以辰加戌至寅得五故辰戌二支皆得五也以巳加亥至寅得四故巳亥二支皆得四也數止於九不言十者則又起一矣故凡十數則曰一十洛書數始於一終於九太玄獨從四起數不言一二三者蓋一生二二生三三生萬物一為天二為地三為人有天地而後有萬物故曰三元且天干十地支十二起於九終於四天干地支已盡自無一二三太玄起數皆理之自然如此不可不知

論納音取象

昔者黃帝將甲子分輕重而配成六十號曰花甲子其花字誠為奧妙聖人借意而喻之不可着意執泥夫自子至亥十二宮各有金木水火土之屬始起於子為一陽終於亥為六陰其五行所屬金木水火土在天為五星於地為五岳

十二律呂[illegible]金木水火土[illegible]一[illegible]

音[illegible]六十[illegible]四[illegible]十[illegible]

論納音取象

曰：[illegible]一二三，太玄經[illegible]

三生萬物。一[illegible]二[illegible]三[illegible]人，有天[illegible]地[illegible]

言十者[illegible]一[illegible]十[illegible]

[illegible]

子[illegible]丑[illegible]寅[illegible]卯[illegible]辰[illegible]巳[illegible]午[illegible]未[illegible]申[illegible]酉[illegible]戌[illegible]亥[illegible]

[illegible]

於德為五常。於人為五臟。其於命也為五行。是故甲子之屬。乃應之於命。命則一世之事。故甲子納音象聖人喻之。亦如人一世之事也。何言乎子丑二位陰陽始孕。人在胞胎。物藏其根。未有涯際。寅卯二位陰陽漸闢。人漸生長。物以折甲。羣葩漸剖。如人將有立身也。辰巳二位陰陽氣盛。物當華秀。如人三十四十。而有立身之地。始有進取之象。午未二位陰陽彰露。物已成齊。人至五十六十。富貴貧賤可知。凡百興衰可見。申酉二位陰陽肅殺。物已收成。人已退縮。各得其靜矣。戌亥二位陰陽閉塞。物氣歸根。人當休息。各有歸著。詳此十有二位先後六十甲子。可以次第而曉。甲子乙丑何以取象為海中之金。蓋氣在包藏。有名無形。猶人之在母腹也。壬寅癸卯絕地存金。氣尚柔弱。薄若繒縞。故曰金泊金。庚辰辛巳以金居火土之地。氣已發生。金尚在鑛。寄形生養之鄉。受西方之正色。乃曰白鑞金。甲午乙未則氣已成物。質自堅實。混於沙而別於沙。居於火而煉於火。乃曰沙中金也。壬申癸酉氣盛物極。當施收斂之功。顯脫鋒銳之刃。蓋申酉金之正位。干值壬癸。金水淬礪。故取象劍鋒。而金之功用極矣。至戌亥則金氣藏伏。形體已殘。煅煉首飾。已成其狀。藏之閨閣。無所施為。而金之功用畢。故曰庚戌辛亥釵釧金。壬子癸丑何以取象桑柘木。蓋氣居盤屈。形狀未伸。居於水地。蠶衰之月。桑柘受氣。取其時之生也。庚寅辛卯則氣已乘陽。得栽培之勢力。其為壯也。柰居金下。凡金與霜素堅。木居下得其旺。歲寒後凋。取其性之堅也。故曰松柏木。戊辰己巳則氣不成量。物已及時。枝葉茂盛。鬱然成林。取其木之盛也。故曰大林木。壬午癸未木至午而死。至未而墓。故楊柳盛夏葉凋。枝幹微弱。取其性之柔也。故曰楊柳木。庚申辛酉五行屬金。而納音屬木。以相尅取之。蓋木性辛。唯石榴木。申酉氣歸靜肅。物漸成實。木居金地。其味成辛。故曰石榴木。觀他木至午而死。惟此木至午而旺。取其性之偏也。戊戌己亥氣歸藏伏。陰陽閉塞。木氣歸根。伏乎土中。故曰平地木也。丙子丁丑何以取象澗下水。蓋氣未通濟。高段非流水之所。卑濕乃水就之鄉。由地中行。故曰澗下水。甲寅乙卯氣出陽明。水勢恃源。東流滔注。其勢浸大。故曰大溪水。壬辰癸巳勢極東南。氣傍離宮。火明勢盛。水得歸庫。盈科後進。乃曰長流水也。丙午丁未氣當升降。在高明火位。有水沛然。則霖以濟火中之水。惟天上乃有。故曰天河水。甲申乙酉氣息安靜。子母同位。出而不窮。汲而不竭。乃曰井泉水。壬戌癸亥天門之地。氣歸閉塞。水歷遍而不趨。勢歸乎寧謐之位。來之不窮。納之不溢。乃曰大海水也。戊子己丑何以取象霹靂火。蓋氣在一陽。形居水位。水中之火。非神龍則無。故曰霹靂火。丙寅丁卯氣漸發輝。因薪而顯。陰陽為治。天地為爐。乃曰爐中火也。甲辰乙巳氣形盛地。勢定高岡。傳明繼晦。子母相承。乃曰覆燈火也。戊午己未氣過陽宮。重離相會。炳靈交光。發輝炎上。乃曰天上火也。丙申丁酉。氣息形藏。勢力韜光。龜縮兌位。力微體弱。明不及遠。乃曰山下火也。甲戌乙亥謂之山頭火者。山乃藏形。頭乃投光。內明外暗。隱而不顯。飛光投乾。歸於休息之中。故曰山頭火也。庚子辛丑何以取象壁上土。土氣居閉塞。物尚包藏。掩形遮體。內外不交。故曰壁上土。戊寅己卯氣能成物。功以育物。發乎根荄。壯乎萼蘂。乃曰城頭土也。丙辰丁巳氣以成陽。發生已過。成齊未來。乃曰沙中土也。庚午辛未氣當成形。物以露彰。有形可質。有物可彰。乃曰路傍土也。戊申己酉氣以歸息。物當收斂。龜縮退閑。美而無事。乃曰大驛土也。丙戌丁亥氣成物府。事以美圓。陰陽歷遍。勢得其閑。乃曰屋上土也。余見路傍之土。播殖百穀。午未之地。其盛夏長養之時乎。大驛之土。通達四方。申酉之地。其得朋利亨之理乎。城頭之土。取堤防之功。王公恃之立國。而衛民也。壁上之土。明粉飾之用。匡庶資之。爰居而爰處也。沙中之土。土之最潤者也。土潤則生。故成齊未來而有用。屋上之土。土之成功者也。成功者靜。故止於一定而不遷。蓋居五行之中。行負載之令。主養育之權。三才五行。皆不可失。處高下而得位。居四季而有功。金得之鋒銳雄剛。火得之光明照耀。木得之英華越秀。水得之濫波不泛。土得之稼穡愈豐。聚之不散。必能為山。山者高也。散之不聚。必能為地。地者原也。用之無窮。生之罔極。土之功用大矣哉。又聞日家云。甲子乙丑子屬水。又為湖。又為水用之地。兼金死於子。墓於丑。水旺而金死墓。故曰海中金。壬申癸酉申酉金之正位。兼臨官申。帝旺酉。金既生旺。則誠剛矣。剛則無喻於劍鋒。故曰劍鋒金。庚辰辛巳金養於辰。生於巳。形質初成。未能堅利。故曰白鑞金。甲午乙未午為火旺之地。火旺則金敗。未為火衰之地。火衰則金冠帶。敗而方冠帶。未能斫伐。故曰沙中金。壬寅癸卯寅卯為木旺之地。木旺則金羸。又金絕於寅。胎於卯。金既無力。故曰金泊金。庚戌辛亥金至戌而衰。至亥而病。金既衰病。則誠柔矣。故曰釵釧金。丙寅丁卯寅為三陽。卯為四陽。火既得地。又得寅卯之木以生。此時天地開爐。萬物始生。故曰爐中火。甲戌乙亥為天門。火照天門。其光至高。故曰山頭火。戊子己丑。丑屬土。子屬水。水居正位而納音乃火。非神龍則無。故曰霹靂火。丙申丁酉申為地戶。酉為日入之門。日至此而藏光。故曰山下火。甲辰乙巳辰為食時。巳為禺中。日之將中。艷陽之勢。光於天下。故曰覆燈火。戊午己未午為旺火之地。未中之木又復生之。火性炎上。及逢生地。故曰天上火。戊辰己巳辰為原野。巳為六陽。木至此則枝榮葉茂。以茂盛之木而居原野之間。故曰大林木。壬午癸未木死於午。墓於未。木既死墓。雖得天干壬癸水生。終是柔弱。故曰楊柳

木。庚寅辛卯。木臨官寅帝旺卯。木既生旺。則非柔弱之比。故曰松柏木。戊戌己亥。戌為原野。亥為木生之地。木生原野。則非一根一株之比。故曰平地木。壬子癸丑。子屬水。丑屬金。水方生木。金則伐之。猶桑柘方生。人便以飼蠶。故曰桑柘木。庚申辛酉。申為七月。酉為八月。此時木絕。惟石榴之木反結實。故曰石榴木。庚午辛未。未中之木而生午未之旺火。火旺則土於斯而受形。土之始生。未能育物。猶僑路若也。戊寅己卯。天干戊己屬土。寅為艮。由土積而為山。故曰城頭土。丙戌丁亥。丙丁屬火。戌亥為天門。火既炎上。則土非在下而生。故曰屋上土。庚子辛丑。丑雖土家正位。而子則水旺之地。土見水則為泥。故曰壁上土。戊申己酉。申屬坤為地。酉屬兌為澤。戊己之土加於坤澤之上。非它浮薄之土比。故曰大驛土。丙辰丁巳。土庫辰絕巳。而天干丙丁之火至辰冠帶。巳臨官。土既庫絕。旺火復與生之。故曰沙中土。丙子丁丑。水旺於子。衰於丑。旺而反衰。則不能為江河。故曰澗下水。甲申乙酉。金臨官申帝旺酉。金既生旺。則水由是以生。力量未洪。故曰井泉水。壬辰癸巳。辰為水庫。巳為金長生之地。金生之水旺。已存以庫水。而逢生金。則泉源不竭。故曰長流水。丙午丁未。丙丁屬火。午為水旺之地。而納音乃水。水自火出。非銀漢不能有。故曰天河水。甲寅乙卯。寅為東北維。卯為正東。水流正東。則其性順。而川澗池沼俱合而歸。故曰大溪水。壬戌癸亥。水冠帶戌。臨官亥。則力厚。兼亥為江。非他水比。故曰大海水。其說雖鑿。與前互相發明。可以見古人取象之義也。嘗試論之。五行取象。皆以對待而分陰陽。即始終而明變化。如甲子乙丑對甲午乙未。海中沙中。水生之辨。陰陽之分也。壬寅癸卯對壬申癸酉。金治劍鋒。金木之辨。剛柔之別也。庚辰辛巳。庚戌辛亥。白鑞釵釧。乾巽異方。形色各盡也。壬子癸丑對壬午癸未。桑柘楊榴。一曲一柔。形質各別也。庚寅辛卯對庚申辛酉。松柏石榴。一堅一辛。性味迥異也。戊辰己巳對戊戌己亥。大林平地。一盛一衰。巽乾殊方也。戊子己丑對戊午己未。霹靂天上。雷霆揮鞭。日月同照也。丙寅丁卯對丙申丁酉。爐中山下。火盛木焚。金旺火滅也。甲辰乙巳對甲戌乙亥。覆燈山頭。含光畏風。拔光止艮也。庚子辛丑對庚午辛未。壁上路傍。形分聚散。類別死生也。戊寅己卯對戊申己酉。城頭大驛。東南西北。坤艮正位也。丙辰丁巳對丙戌丁亥。沙中屋上。乾濕互用。變化始終也。圓看方看。不外旺相死休囚。近取遠取。莫逃金木水火土。以干支而分配五行。論陰陽而大明終始。天成人力相兼生旺死絕并類。嗚呼。六十甲子。聖人不過借其象以明其理。而五行性情材質形色功用。無不曲盡。而造化無餘蘊矣。易曰。立天之道。陰與陽。曰天道也。十日迭運。而陰陽之義明。立地之道。柔與剛。辰地道也。自子至亥。十二辰更次。而剛柔之義顯。單出為聲而已。雜比。然後為音。故以日辰錯綜。納甲以成五音。以取六象。於是三才備而五行無餘蘊矣。以干為祿定貴賤。以支為命定修短。以納音為身察盛衰。人得祿命身俱旺相。三才有氣。主快樂長壽。若值死絕休囚。三才無氣。必為塵埃困窘之命無疑。

釋六十甲子性質吉凶

甲子金　為寶物喜金木旺地　進神喜福星平頭懸針破字

丙寅火　為爐炭喜冬及木　福星祿刑平頭聾啞

戊辰木　山林山野處不材之木喜水　祿庫華蓋水敗馬庫棒杖伏神平頭

庚午土　路傍乾土喜水及春　福星官貴截路棒杖懸針

壬申金　戈戟大喜子午卯酉　平頭大敗妨害聾啞破字懸針

甲戌火　火所宿處喜春及夏　正印華蓋平頭懸針破字棒杖

丙子水　江湖喜木及土　福星官貴平頭聾啞交神飛刃

戊寅土　提皇城墻喜木及火　伏神棒杖聾啞

庚辰金　錫鑞喜秋及微木　華蓋大敗棒杖平頭

壬午木　楊柳幹節喜春夏　官貴九醜飛刃平頭聾啞懸針

甲申水　甘井喜春及夏　破祿馬截路平頭

丙戌土　堆阜喜春夏及水　天德華蓋平頭聾啞

戊子火　雷也喜水及春夏得上而神　天伏神短夭九醜杖刑飛刃

庚寅木　松柏幹節喜秋冬　破祿馬相刑杖刑聾啞

壬辰水　龍水喜雷電及春夏　正甲天德水祿馬畢也神平頭聾啞

甲午金　百煉精金喜水木土　進神德合平頭破字懸針

丙申火　白茅野燒喜秋冬及木　平頭聾啞大敗破字懸針

乙丑金　為劍鏌喜火及南方日時　福星華蓋正印

丁卯火　為爐煙喜巽地及秋冬　平頭截路懸針

己巳木　山頭花草喜春及秋　祿庫入專闕字曲腳

辛未土　含萬寶待秋成喜秋及火　華蓋懸針破字

癸酉金　金之椎鑿喜木及寅卯　伏神破字聾啞

乙亥火　火之熱氣喜土及夏　天德曲腳

丁丑水　水之不流清澈處喜金及夏　華蓋退神平頭飛刃闕字

己卯土　破堤敗城喜申酉及火　進神短夭九醜闕字曲腳懸針

辛巳金　金之生者雜沙石喜火及秋　天德福星官貴截路大敗懸針曲腳

癸未木　楊柳根喜冬及水亦宜春　正印華蓋短夭伏神飛刃破字

乙酉水　陰壓水喜東方及南　破祿短夭九醜曲腳破字聾啞

丁亥土　平原喜火及木　天乙福星官貴德合平頭

己丑火　雷也喜水及春夏得地而晦　華蓋大敗飛刃曲腳闕字

辛卯木　松柏之根喜水土及宜春　破祿交神九醜懸針

癸巳水　水之不息流入海喜亥子乃變化　天乙官貴德合伏馬破字曲腳

乙未金　爐炭餘金喜大火及土　華蓋截路曲腳破字

丁酉火　鬼神之靈響火之無形者喜辰戌丑未　天乙喜神平頭破字聾啞大敗

戊戌木 蒿艾之枯者喜火及春夏 華蓋大敗入專杖刑截路
己亥木 蒿艾之芽喜水及春夏 闕字曲腳
庚子土 土中空者屋宇也喜木及金 木德合杖刑
辛丑土 寶墓喜木及火與春 華蓋懸針闕字
壬寅金 金之華飾者喜木及微火 截路平頭聾啞
癸卯金 環釧鈴鐸喜盛火及秋 貴人破字懸針
甲辰火 燈也喜夜及水惡晝 華蓋大敗平頭破字懸針
乙巳火 燈光也同上尤喜申酉及秋 正祿馬大敗曲腳闕字
丙午水 月輪喜夜及秋水旺也 喜神羊刃交神平頭聾啞懸針
丁未水 火光也同上 華蓋羊刃退神入專平頭破字
戊申土 秋間田地喜申酉及火 福星伏馬伏刑破字懸針
己酉土 秋間禾稼喜申酉及冬 進神截路九醜闕字曲腳破字聾啞
庚戌金 刃劍之餘喜微火及木 華蓋杖刑
辛亥金 鐘鼎寶物喜木火及土 正祿馬懸針
壬子木 傷水多之木喜火土及夏 羊刃九醜平頭聾啞
癸丑木 傷水少之木喜金水及秋 華蓋福星入專破字闕字羊刃
甲寅水 雨也喜夏及火 正祿馬福神入專平頭破字懸針聾啞
乙卯水 露也喜水及火 建祿入專九醜曲腳懸針
丙辰土 堤岸喜金及木 祿庫正印華蓋截路平頭聾啞
丁巳土 土之滷涚喜火及西北 祿庫平頭闕字曲腳
戊午火 日輪夏則人畏冬則人愛忌戊子己丑甲寅乙卯 伏神陽刃九醜棒杖懸針
己未火 日光忌夜亦畏四者 福星華蓋羊刃闕字曲腳破字
庚申木 榴花喜夏不宜秋冬 建祿馬入專杖刑破字懸針
辛酉木 榴子喜秋及夏 建祿交神九醜入專懸針聾
壬戌水 海也喜春夏及木 華蓋絕神平頭聾啞杖刑
癸亥水 百川喜金上火 伏馬大敗破字截路

右件六十甲子。盛大者忌變為小弱。小弱者欲變為盛大。譬如先貧賤而後富貴。則榮華。先富貴而後貧賤。則卑辱。不可以其先貧賤而不論其富貴。亦不可以其先富貴而不論其貧賤也。且主年屬木。假令是庚寅辛卯。則木之盛大可知。若月日時台。不見他木。則以松柏論。萬一上見楊柳木或石榴木。則捨大就小。不以松柏論也。假令是壬午癸未生人。則木之小弱可知。若月日時胎。不見他木。則以楊柳論。萬一見松柏木或大林木。則棄小論大。不可以楊柳論也。以至天上火。劍鋒金。大海水。大驛土。生人月日時胎。別見他位納音同而盛大者。或引凡而入聖。或先重而後輕。皆當從其變者而論之。不可拘於一端。

甲子從革之金。其氣散。得戊申土癸巳水相之。則吉。戊申乃金臨官之地。土者更旺於子。必能生成。癸巳係金生於巳。水生於子。納音各有所歸。又為朝元祿。忌丁卯丁酉戊午之火。閻東叟云。甲子金為進神。稟沉潛虛無之德。四時皆吉。入貴格承旺氣。則術業精微。主顯達之榮。

乙丑府庫之金。火不能尅。蓋退藏之金。苟無刑害衝破。未有不顯榮者。獨忌己丑己未之火。閻東叟云。乙丑為正印。具大福德。秋冬富貴壽考。春夏吉。中有自入格。則建功享福帶煞。類為充會。玉霄寶鑑云。甲子乙丑未成器。金見火則成。多見則吉。

丙寅赫曦之火。無水制之。則有熘灼炎烈之患。水不可過。獨愛甲寅之水。就位濟之。又名朝元祿。五行要論云。丙寅火含靈明冲粹之氣。四時生生之德。入貴格則文彩發應。主魁甲之貴。

丁卯伏明之火。氣弱宜木生之。遇水則尅。乙卯乙酉水最毒。五行要論云。丁卯沐浴之火。合雷動風作之氣。水濟則達。土載之則基厚。以木資之為文彩。以金囊之更逢夏令。則克暴鬼。谷遺文云。丙寅丁卯秋冬宜以保持。註云。火無西旺。火至秋冬勢恐不久。

戊辰兩土下木。眾金不能尅。蓋土生金。有子母之道。得水生之為佳。五行要論云。戊辰庚寅癸丑三辰。挺木德清健之數。生於春夏。能持立獨奮。隨變成功。更乘旺氣。則有凌霄聳壑之志。惟忌秋生。雖懷志節。屈而不伸。

己巳為近火之木。金自此生。於我無傷。忌見生旺之火。閻東叟云。己巳在巽。為風動之木。根危易拔。和之以金土。運歸東南方成材用。雖外陽內陰。別無輔助。則其氣虛散。更為金鬼所尅。乃不材之木也。珞琭子云。己巳戊辰度乾宮而脫厄。註云。己巳戊辰巽木之類。西方金鬼旺鄉。納音之木至此絕矣。斯謂厄會。若度乾亥之宮。木得水以長生。故脫厄。

庚午辛未始生之土。木不能尅。惟忌水多反傷其氣。木多郝有歸。蓋木歸未也。閻東叟云。庚午辛未戊申己巳皆厚德之土。含容鎮靜。和氣融洽。福祿優裕。人格則多歷方岳之任。有普惠博愛之功。

壬申臨官之金。利見水土。若丙申丙寅戊午之火。則為災害。閻東叟云。壬申金持天將之威。資臨官之氣。秋冬掌主殺之權。春夏吉少凶多。人格以功名自奮。帶煞以刻剝為能。癸酉堅成之金。火死於酉。見火何傷。惟忌丁酉火就位尅之。閻東叟云。癸酉自旺之金。稟純粹之氣。春夏為性英明。秋冬尤貴。人格則功業節槩。挺持出倫。帶煞則少年剛勁。四十之後漸成純德。玉霄寶鑑云。壬申癸酉金旺之位。不可復旺。旺則傷物。不可見火。見火則自傷。

甲戌自庫之火。不嫌眾水。只忌壬戌。所謂墓中受尅。其患難逃。五行要論云。甲戌火為印。為庫。含至陽藏密之氣。貴格

達之。富貴光大。惟忌夏生。防吉中有凶。乙亥伏明之火。其氣抑鬱而不發。藉己亥辛卯己巳壬午癸未木生之。則精神
旺相。癸亥丙午水有之。則不吉。閻東叟云。乙亥火自絕。合明敏自靜之氣。隱光晦跡。寂然無形。稟之得數者。為妙道高
人吉德君子。丙子流行之水。不忌眾土。惟嫌庚子。乃旺中逢鬼。不祥莫大焉。五行要論云。丙子自旺之水。陽上陰下。精
神俱全。稟之者天資曠達。識量淵深。春夏為濟物之氣。多建利澤之功。
丁丑福聚之水。最愛金生。忌辛未丙辰丙戌相刑破也。五行要論云。丁丑乙酉在數為渙弱之水。陰盛陽弱。稟之者器
識清明。多慧少福。蓋以水木旺氣。則陰陽均協。為貴達崇顯之士。
戊寅受傷之土。最為無力。要生旺火以資其氣。忌己亥庚寅辛卯諸色木尅。主短折之凶。五行要論云。戊寅丙戌此二
位乘土德厚氣。一合生火。一合宿火。是謂陽靈藏中福慶之辰。貴格得之。道德蓋世。貴極人臣。惟親王貴公子多於此
日生。常格得之。亦主福壽遐遠。始終安逸。
己卯自死之土。抑又甚焉。貴得丁卯甲戌乙亥己未之火。中合而來。以致其福。五行要論云。己卯自死之土。建於正位。風
行雷動。散為和氣。德自沖虛。稟之者類有道行。隨變而適。有自在之福壽。惟不利死絕。則為久假不歸之徒。三命纂局
云。戊寅己卯受傷之土。不可為木所損。其土無力。王霄寶鑑云。戊寅己卯土。不宜見水。見水不為財。不畏木。見木愈堅。
戊宜乘土德旺氣。而合生火得之。主福壽綿遠。己卯不宜再見死絕。見則凶。
庚辰氣聚之金。不用火制。其器自成。火盛反傷其器。病絕火無害。若甲辰乙巳火惡。不可言。亦不能尅眾木。蓋我氣亦
聚耳。閻東叟云。庚辰之金。具剛健沉厚之德。稟聰明疏通之性。春夏禍福倚伏。秋冬秀穎宏實。入格則兼資文武。帶煞
則好弄兵權。
辛巳自生之金。精神具足。體氣完備。炎烈爍化而不亡。忌丙辰乙巳戊午之火。蓋金生於巳而不能生。敗於午。絕於寅。
而氣散。復見生旺之火。焉可當之。五行要論云。辛巳金為自生學堂。具英明瑰奇之德。秋冬得力十全。春夏七凶三吉。
入貴格則主學行英偉。致身清貴。常懷濟物之心。王霄寶鑑云。庚辰辛巳未成器。金宜見火。兼辛巳是自生。巳為火得
之者光輝日新。
壬午柔和之木。枝幹微弱。木能生火。却忌見火多。多則爐焚。雖生旺之金亦不能傷。蓋金就我敗。得金反貴。水土盛者
亦貴。惟忌申午金傷之。五行要論云。壬午自死之木。木死絕則魂遊而神氣靈秀。稟之者挺靜明之德。抱仁者之勇。建
立功行。可衡靜而有勇。延年益壽。
癸未自庫之木。生旺則佳。雖乙丑金不能衝破。各歸其根。而不相犯。忌庚戌乙未金。五行要論云。癸未為正印。挺文明
吉會之德。稟之者類抱間世之才。想清華之福。王霄寶鑑云。壬午癸未。謂之楊柳木者。蓋木至午而死。至未而墓。故盛
夏葉凋。得其時則富壽。非其時則貧夭。
甲申自生之水。其氣流行。宜有所歸。亦藉金生。不忌眾土。特嫌戊申庚子之土。五行要論云。甲申水白。主含天真學堂
得之入局。主智識聰慧。妙用無窮。
乙酉自敗之木。假眾金以相之。蓋我氣既弱。藉母以育。忌己酉己卯。戊申庚子辛丑之土。則要折窮賤。
丙戌福壯祿厚之土。木不能尅。忌見生旺之金。若遇火盛。則貴不可言。
丁亥臨官之土。木不能尅。嫌金多。須得火生救之乃吉。忌己亥辛卯之木。五行要論云。丁亥庚子。二土中含金數。內剛
外和。稟之者得有定力。土下濟之。以水火旺氣。能建功立事。故為威果之行。
戊子己丑水中之火。又曰神龍之火。遇水方貴。為六氣之君火也。五行要論云。戊子含精神。輝光全實之氣。作四時保
生之福。入貴格則為大人君子。器宇含弘。富貴終吉。
己丑為天將之火。又為天乙本家。含威福光厚之氣。發越峻猛。貴局乘之。為將德為魁名。而建功。燭神經云。丑胎養之
火。其氣漸隆。若遇丙寅戊午之火助之。可成濟物之功。
庚寅辛卯歲寒之木。雪霜無以改其操。況金能尅之乎。土有庚辛。不假制治。自然成林。閻東叟云。辛卯木自旺。春夏則
氣節挺拔。建功立事。生於秋。則狂狷折挫。勁氣不伸。
壬辰自庫之水。若池沼水積之地。忌金來決破。若再見壬辰。是謂自刑。別辰無咎。遇多水土皆喜。惟畏壬戌癸亥丙子
之水。生旺太過。汙漫無歸。五行要論云。壬辰水為正印。含清明潤沃之德。稟之者含容弘大。心識如鏡。春夏得之。作大
福慧。秋冬得之。類姦詐薄德。
癸巳為自絕之水。名曰涸流。若丙戌丁亥庚子壯厚之土。其涸可待。若得三合生旺之金生之。則源泉混混。盈科而進也。

五行要論云。癸巳乙卯。自絶自死之水。乃至陰退藏。真精當養。凝成貴氣。貴局來之。類是妙道君子。夙體常德。有功及物。

甲午自敗之金。亦曰强悍之金。遇火生旺。其器乃成。忌丁卯丁酉戊子之火。凶。五行要論云。甲午金為進神魁氣。具剛明之德。秋冬則吉。春夏或凶。入貴格主科場建統衆之功。非時帶煞。則暴戾尅忍寡恩少義。燭神經云。甲午。金傷强悍。或抑之。乃沉潛。註云。沙石金剛鑛喜殺抑之者。火革之也。鬼谷遺文云。甲午受官鬼。李虛中云。甲午金傷强悍。壬子木失之柔。或壬子得甲午。或甲午得壬子。陰陽專位。都有炳靈。

乙未偏庫之金。亦火制而土生之。則福壯氣聚。忌巳未丙申丁酉之火。五行要論云。乙未金在數為木庫。又為天將。具純仁厚義之德。無往不吉。貴格得之。是不世之英傑。魁鎮四倫。常格得之。帶煞衝犯。亦作小人中之君子。眉壽人也

丙申自病之火。丁酉自死之火。其氣枉微。假木相助。其氣方生。忌甲申乙酉甲寅乙卯之水。閣東叟云。丙申病火。以木為文明之德。以水為曠達之性。以上為福慧之基。惟金為暴害。縱有吉辰。革為不和之氣。五行要論云。丁酉火自死含韜晦淑靜之氣。外和內剛。貴格來之。類為有道君子。自然之德行。

戊戌土中之木。忌重見土。若納音土多一生。屯蹇。金不能尅。蓋金氣至戌而散。遇金乃能致福。利見水多。木盛而為貴格。閣東叟云。戊戌之木。孤根獨立。和之以水火旺氣。則有英明秀實之德。入格則文章進達。福祿始終。狀乘天將之氣。主備歷艱險。節操不移。方見晚福。

己亥自生之木。根本繁盛。不忌衆金。惟嫌辛亥辛巳癸酉之金。若見乙卯丁未水。癸未木。未有不大貴。五行要論云。己亥木自生。挺英才秀拔之德。得之於特達處。類皆清貴少達。閣東叟云。己亥之木得時則清貴。非時則辛苦。

庚子厚德之土。能尅衆水。不忌他木。蓋木至子無氣。若遇壬申之金。謂之明位祿。其貴必矣。

辛丑福聚之土。蓋木不能尅。蓋丑為金庫。丑中有金。見木何傷。玉霄寶鑑云。庚子辛丑土。愛木而惡水。見木為官。見水不相宜。閣東叟云。辛丑己酉之土。中含金數。厚德性剛。和而不同。上下濟以水火旺氣。則威名功烈見為果敢。

壬寅自絶之金。癸卯氣散之金。若見衆火則喪氣。惟水土朝之則吉。五行要論云。壬寅癸卯為虛薄之金。具仁柔義剛之德。秋冬剛健無凶。凶為吉兆。春夏則內凶外吉。吉乃先凶。入貴格則志節英明。帶煞則兇暴不能終也。三命纂局云。癸卯自胎之金。若逢丙寅丁卯爐中之火。不為鬼。以胎金爐中成器故也。

甲辰偏庫之火。多火助之吉。所謂同氣之求。以資其不足。若見戊辰戊戌木生之為貴格。忌壬辰壬戌丙午丁未水。最毒。五行要論云。甲辰為天將之火。含斂速峻烈之氣。入貴格則為特達為文魁。利秋冬。不利於夏

乙巳臨官之火。水不能尅。蓋水絶於巳。得水濟之。則為純粹。若得二三火助之亦佳。五行要論云。乙巳含純陽巽發之氣。光輝充實。春冬向吉。夏秋向凶。

丙午丁未銀漢之水。土不能尅。天上之水。地金不能生也。生旺太過。發育於萬物。死絶太多。又不能生萬物。五行要論云。丙午至榮之水。體南方溫厚之氣。稟之者類有道氣。虛變顛異。有為魁衆出倫。丁未其足三才。全數得沖正之氣。稟之者。主精神氣全。性根高妙。盡變之道

戊申重卑之土。木絶於申。不能尅。若見金水多助。則富貴尊榮之格也。

己酉自敗之土。其氣不足。藉火以相助之。見丁卯丁酉火則吉。切忌死絶。畏辛卯辛酉木。災蹇夭折

庚戌辛亥堅成之金。不可見火。恐有所傷。若得水土相之為貴。閣東叟云。庚戌火墓之金。有剛烈自恃之暴。秋冬庶幾況厚。春夏動生悔吝。君子執兵刑之權。小人恣獷悍之性。辛亥金稟乾健純明中正之氣。春秋冬三時吉。夏七吉三凶。貴格乘之。體仁行義。若帶刑煞。肆暴貪功。

壬子專位之木。癸丑偏枯之木。遇死絶則富貴。生旺則貧賤。木多則夭折。金多土盛為佳。五行要論云。壬子幽陰之木。陽弱陰盛。柔而無立。類仁水德用事。惟對以丙午水。則為水木沖粹之德。類入神仙異士。標格非常流也。燭神經云。壬子之水。失於優柔。其或揚之。仁而高明。註云。壬子木在水旺之鄉。假子中得微陽之氣而生。柔脆易折。則自敗木也。揚之者。欲得火上之氣益之。使數榮。則仁勇而高明。

甲寅自病之水。乙卯自死之水。雖然死病。土不能尅。蓋支干二木。可以制土。若見壬寅癸卯之金。則為優裕。五行要論云。甲寅壬戌二水。為伏逆陰勝於陽。主姦邪害物。惟濟之以火土。損益方成大器

丙辰自庫之土。厚且壯。喜申辰火。忌戌辰木。此上凡木不能傷。蓋丙火也。辰為火偏庫土。已成器。惟嫌戊戌己亥辛卯戊辰之木。五行要論云。丙辰土為正印。建五福吉會之德。稟之者。類皆亨大有。惟不貴即富。犯衝者多為僧道

丁巳自絶之土。又不為絶。蓋一土居二火之下。在父母之鄉。乘天屬之恩。故不為絶。木不能尅。火多益佳。玉霄寶鑑云。

丁巳含東南火德旺數。得之者含容福壽。

戊午自旺之火。巳未偏庫之火。居離明之方旺相之地。其氣極盛。他水無傷。忌丙午丁未天上之水。閻東叟云。戊午自旺。火含離明炎上之氣。無情治物。動違於衆。秋冬得之濟以水土。旺氣則豁達高明。福力堅壯。春夏乘之以金木。雖騰光迅速。命非久常。五行要論云。己未衰火含餘藏實之氣。春夏之月運入沉潛之鄉。則明達峻敏。福慶深遠。夏得之非和氣也。秋得之則先吉後凶。

庚申辛酉二木。金居木上。因金以成器。忌再見金。致毀其器。若見甲申乙酉水。則入格。玉霄寶鑑云。庚申自絕木為魂游神變。遇此日生者。類非凡器。常格主賦性穎異。家族不羈。入貴格則是英傑之才。立不世之功。辛酉失位之木。水因金鄉乘之者。涉世多艱。惟對癸卯金。則剛柔相濟。挺拔出羣。決取巍科。燭神經云。魂貴天遊。故庚申之木不嫌於死絕。獨坐而守庚申是也。註云。庚申自絕木。木於五臟屬肝。肝藏魂。木休絕則魂遊於天。故庚申之木不嫌死絕。所以貴於天遊。鬼谷遺文云。辛酉期生旺。註云。辛酉氣絕之木。欲生旺以為榮。

壬戌偏庫之水。癸亥臨官之水。名曰大海水。蓋支干納音皆水。忌見衆水。雖壬辰水庫亦不能當。不忌他土。死絕則吉。生旺則汎濫而無所歸也。玉霄寶鑑云。亥子水之正位。壬戌氣伏而不順。惟以火土損益之。乃成大器。癸亥具純仁之數。內體至仁。稟之者天資夷曠。志氣浩然。發為功業。利澤日時。帶煞則亢狡之流。

又曰丙戌之土。為福隆厚。火鍾於此故也。己未庚辰戊辰丁丑與此同義。己未火也。未中有墓木。庚辰金也。辰中有墓土。戊辰木也。辰中有墓水。丁丑水也。丑中有墓金。皆父母之氣。各有所養。此五者福壯厚。以上有鬼所傷。不為害。氣成故也。李虛中云。丙戌尤異。以戌又為土之本位而尤旺盛。

己巳戊午乃盛炎之火。秋冬作德。吉。春夏作刑。凶。若仲夏暴炎一發。旋即歸燼。竟焚和而為咎。己巳臨官之火。土有一木生之。其氣盛矣。戊午自旺之火。若生秋冬。為溫奧之氣。為濟物之德。若生春夏。旺火復得陽位。則作凶。生仲夏為暴戾。刻忍凶夭之流也。

乙卯癸巳丁酉乙亥。水火雖死絕。却清明而妙佳。火死絕而內明外晦。返照回光。水死絕而湛然清澈。可燭鬚眉。故却清明而妙佳。李虛中云。四位水火雖死絕。却清明而妙佳。觀天乙貴人自可見矣。

壬寅之金。事君不逆。庚申之金。為臣不強。五行屬五音。宮土者君也。商金者臣也。角木者民也。商太過則臣強。角太過則君弱。故五音之中常用四清宮。以殺商角。庚申者。角木自絕也。壬寅者。商金自絕也。皆使得忠順之道。故事君不逆。為臣不強。所以自紫微鸞臺鳳閣以上宮。切忌金木生旺之命。如是必不為之。為之亦不能久。獨臺諫則可。若金木生旺而尅破則不然。庚申木。乙巳火土金生而還不生。丙午水。癸卯金木水死而還不死。土生申而不生於庚申。水生申而不生於戊申。火生寅而不生於甲寅。金生巳而不生於乙巳。木生亥而不生於辛亥。蓋生處而反受制故也。得之者夭壽。木死卯而不死於癸卯。土死卯而不死於丁卯。木死午而不死於丙午。金死子而不死於庚子。火死酉而不死於辛酉。蓋死處得生也。若得之者長壽。

戊子支干旺於北方。乃水之位。絕音屬火。乃水中之火。非神龍不能有之。丙午支干旺於南方。乃火之位。納音屬水。乃火中之水。非天河不能有之。丙子人得丙午。或丙午人得戊子。無不貴。蓋火中出水。水中藏火。水火既濟。精神運動。必靈異於人矣。李虛中云。丙午天上之水。銀漢有之。即十二辰之天后也。得之者高明豁達。穎異不凡。戊子水中之火。神龍有之。即六氣之君火也。得之者曰神而明。沉幾未物。二氣兼得。尤妙絕。其餘諸氣準此詳之。乙丑之土。不嫌於木。戊戌之木不怕於金。何以辯之。丑中金庫。木不為鬼。戊中有火。金反受其殃。若戊戌之木。二土在上。一木在下。埋在二土之內。尚未萌芽。不見其形。是土盛木弱。餘皆做此。

庚寅木。丁巳土。不嫌金木之鬼。金至寅宮。雖為鬼而金絕在寅。故不為鬼。木至巳宮。而已有生金尅木。故不為鬼。若庚寅木逢壬申金。相衝相尅。餘皆做此。

庚午之土。乘南方旺火以養其形。戊申之土自生。庚子之土自益。不忌木鬼。蓋木至午死。申絕。子敗。又自強之土何傷。餘皆做此。

壬申癸酉庚戌辛亥。四金氣壯。不嫌於鬼。戊子之火。不畏其癸水中壽藏之火。神龍有之。蓋有水則雷方鳴。若逢丙午丁未天上水。則有所忌。有相戰之功。大凡本命支干受傷。則主六根不足。有始無終。如丁巳見癸亥。壬子見戊午。餘皆做此。

戊午庚申。彼我得之超異。庚申石榴木。夏旺。故喜戊午。蓋火宮旺。而石榴木性得時。戊午乃旺極之火。喜於申見天馬

相資也。其神頭祿者，即十干專位。祿乃陰陽專位，天地神會也。列八卦之真源，演五行之成敗，剛柔相推，有無合化，故壬子之水，應北方之坎；丙午之火，實南宮之離。所以丙午得壬子不為破，丁巳得癸亥不為衝，是水火相濟之源，有夫婦配合之理。坎離為男女，精神之用也。壬子得丙午，癸亥得丁巳，則先後火水有未濟之象，不如丁巳見壬子，丙午得癸亥也。

庚申辛酉之金，應西方之兌；甲寅乙卯之木，象東方之震。所以甲寅得庚申不為刑，乙卯得辛酉不為鬼，是木女金夫之正體，明左右之神化也。木主魂，金主魄，二者左右相間不合，若能全合，則神之化主以無間也。若庚申得乙卯，辛酉得甲寅，不為元辰，變通之用也。

戊辰戊戌之土，為魁罡相會，乾坤厚德，覆載含生，不得以為返吟。戊辰戊戌不為衝，土得正位，干守元會也。己丑己未，是貴神守忠貞，此四真土有萬物始終之道，非大人君子孰能備此德？況神頭祿各有神以主之，左右運動於六合之中，盈縮於吉凶之變也。

己丑土為天乙貴人，己丑土為太常福神，解百煞之凶，若得之，當用為橫財之喜。戊辰為勾陳，戊戌為天空，土之神多遷改，居帥外藩，出鎮邊防，有不常矣。丁巳為螣蛇之神，凶以凶用，吉以吉求，多熒惑之憂，有滑稽之性。丙午為朱雀之神，應陽明之體，文詞藻麗。甲寅為青龍之神，博施濟衆，得四方之利。乙卯為六合之神，主發生榮華，和弱順黨。壬子為天后之神，主陰騭天德，容美多權。癸亥為玄武之神，乃陰陽終極，有潛伏之氣，從下如流，雖有大智，非軒昂超達之士，順則安平，逆則姦宄。庚申為白虎之神，利於武而不利於文，有抱道孤騫之性，善中嚴外，色厲內荏，有仁義，好幽僻。辛酉為太陰之神，懷肅之氣，有清白之風，為文章利口，不世之才。然更各以親疏休旺定遇者之情性禍福。

甲子乙丑海中金

海中金者，寶藏龍宮，珠孕蛟室，出現雖假於空衝，成器無藉乎火力。故東方朔以蛤蚌名之，良有理也。妙選有珠藏淵海格，以甲子見癸亥是；不用火逢空有蚌珠照月格，以甲子見己未是。欲合化五貴，蓋以海金無形，非空衝則不能出現，而乙丑金庫，非旺火則不能陶鑄故也。如甲子見戊寅、庚午，是土生金；乙丑見丙寅、丁卯，是火制金，又天干逢三奇，此等格局，無有不貴。舊說甲子乙丑俱喜見爐中火，丙寅旺火不宜木助，丁卯敗火却宜木助，覆燈、山下、山頭諸火性微，不能煉金，故宜木助；天上火不能尅金，須假凡火，再得水濟，無衝破為佳；霹靂火就位相尅，性主昏蒙，運如再犯大凶，見木則無造化，以此金未能成器，不能制物故也。若月日有火而時遇木，却以財論則吉。井泉、澗下、大溪、天河等水，無火具不宜，見海水亦不宜。然以妙選論之，則為貴格。據理甲子見癸亥逢生趨乾，何不可之有？路傍、屋壁、城頭、大驛諸土在日時柱中，天元支辰納音俱無火制，主賤，中年夭。余見亦未然。以庚午、辛未、戊寅、己卯二土造化有情故也。如甲子見庚午，坎離相濟；見辛未，官星帶貴；乙丑見庚午，官貴互換；甲子見戊寅，絕地逢生；見己卯，天干合化；乙丑見戊寅，亦絕地逢生；見己卯，則歸祿帶財。餘土又當仍分年上祿馬貴人方准。沙土埋金，誠不宜見，有火亦不吉。柱中逢金砂鐵原未成器，海中又未成器，彼此無益，故無火不宜。劍釵已成器，金相見有助，妙選謂之脫體化神，主貴，泊金亦好。如甲子見甲子，乙丑見乙丑，同類相資，柱中喜見一寅，見戊寅謂之崑山片玉；如甲子見乙丑，謂之干支連珠，非得火煉不可，即干下精神格之義也。

壬寅癸卯金泊金

金泊金者，潤色盃盤，增光宮室，打薄須藉乎別金，描彩必假乎水力。此金甚微，非水則無所依，水以平地為上，有此不宜見火。有火主夭，遇太陽為日間之顯，二火相反，不宜同見。山下、山頭有清水助之亦吉，惟忌爐火就位相尅。此金體薄，不能反源，定夭限連。同論井泉、澗下、天河水清，日時喜見，須月令有木方吉；溪流、大海水濁，見溪流主漂蕩，見大海無木為基，主尅殘。金遇劍鋒、釵釧，可以裝飾，有輔成造化理，故喜見。砂海、白鑞無益，有火濟之亦吉，無則終凶。城頭、壁上二土有靠安身，城頭多主奇人，壁上加木則貴，再遇燈火輝光照耀，主權貴。丙戌土中藏火，干支却不宜太炎，亦為貴格。考妙選金命而遇戊寅，崑山片玉格也；癸卯而遇己卯，玉兔東升格也。與前海金同。

庚辰辛巳白鑞金

白鑞金者，崑山片玉，洛浦遺珍，交棲日月之光，疑聚陰陽之氣，形明體潔，乃金之正色也。此金惟喜火煉，須爐中炎火。然庚辰見之，若無水濟，主貧夭；辛巳却以貴論，緣巳是金生之地，見丙寅化水逢貴故也。山下火生旱，主榮貴，亦須水助，方得井泉、大溪俱為貴格。庚官在丁，辛官在丙，故庚見丁丑，官貴俱全；辛見丙子，不如癸巳。庚清不貴即富。論中見木逢多無益，以此金不能相尅，若枉遇無氣之火，却要水生，有祿馬貴人方吉。見土只宜磨礪方成器物則吉，別土無

用金忌海砂為汨沒日時逢火則榮若見清金加水相助火亦不愛只怕衝形妙選有哨風猛虎格以此金日時遇辛巳或乙巳是也

甲午乙未砂中金

砂中金者剛形布地寶質藏砂真教淘洗為珍必須因人始貴此金非爐火則不能制但甲午見丙寅寅中火生寅午合局柱無長生之土則燥更值水助主疾夭丙午納音雖水而支干純火加逢九土山頭山下覆燈三火既有木生尅制此金又須清水濟之決主少年榮貴戊子己丑龍火相逢子午有交媾之妙甲己有合化之理主貴雖以凡火則不為奇見水惟宜井泉澗下天河清淨則吉長溪大流動而不靜並見則金泛不安海水尤忌見木有何關係火旺却喜生扶更有祿馬貴人互換朝拱為上如柱無火逢一二木則危若甲午見巳巳是謂採精金於黃清乃貴格也金生於砂得造化則吉若更逢砂土反有埋沒之憂路傍大驛亦在所忌有火庶幾城頭戊寅乙未喜見謂之採精金於青沙乃貴格也惟丙戌之土中藏火庫乃喜見之金為同類最喜清氣為上海中白鑞有火制亦得

壬申癸酉劍鋒金

劍鋒金者白帝司權剛由百鍊紅光射於斗牛白刃凝於霜雪此金造化非水不能生大溪海水日時相逢為上格井泉澗下有霹靂助或得乙卯之雷方好若無雷霹亦金白水清格也秋生更吉日時遇長流在壬辰為寶劍化為青龍癸巳亦得此劍不能通變然癸丑為劍氣衝斗最吉松柏楊柳亦吉但多聚散大林平地嫌有土制主勞苦火見神龍陰陽交遇如壬申逢巳丑癸酉逢戊子方為上格遇天上爐中二火無水救則夭諸土見皆不吉以其埋沒只壁上城頭有磨鋒淬礪之用此二土則可金喜同類如壬申見壬申癸酉見癸酉有水制之是謂盤根錯節所以別利器也無水主帶疾海砂白鑞此三金內乙丑獨吉釵釧成器相見亦宜若柱有未成之金無加於劍故最忌之見則性蒙猖狂戊則金混雜時中却宜火勝大抵劍鋒乃金之最利者只宜水潤不宜火刑如見寅巳三刑全者大凶

庚戌辛亥釵釧金

釵釧金者美容首飾增光膩肌猥紅倚翠之珍枕玉眠香之寶此金藏之閨閣惟宜靜水井澗溪流見之皆吉多見則泛海水貫天天河辛亥見之無妨丙午真火庚戌所忌以午戌湊成火局有傷此金故也太陽火日生顯耀貴燈火夜間顯耀故皆宜見但甲辰乙巳與庚戌辛亥相衝陰陽交見為妙戊子己丑與丙午丁未相持二火忌營見之非貧則夭爐中火庚戌最忌辛亥見之丙辛化水稍吉山下山頭俱不宜見若有水濟亦可柱中有水此金入於陋中有福貴方吉土見砂中相生相養更有澗下水助榮華富貴金喜劍鋒則成造化泊金增光釵釧須假微火濟之除此二金別金無用若命中只有金水更無夾雜為金白水清在活法推之

戊子己丑霹靂火

霹靂火者一數毫光凡天號令雷掣金蛇之勢雲驅鐵馬之奔此火須資風水雷方為變化若五行得值一件皆主亨通如日時見大海癸亥為引凡入聖己丑為上戊子次之見大海乙卯為雷火變化己丑為吉戊子次之辰巳為風運中遇之尤佳天上水名為既濟主吉遇之者稟性含靈聰明特異長流無用澗下雖就位相尅此神火也不忌有風亦顯五行見木辛卯有雷大林有風平地有天門與此火相資餘木無用土見路傍加異則吉砂中丁巳有風己卯有雷得泉助之亦主貴顯劍金加水海金遇風釵金逢澗皆吉餘金無用見爐中丁卯為吉戊子逢丙寅大爆性兇主夭巳丑見丙申却得戊子次之燈火東南巽地有風最宜戊午己未天上火日時遇之防刑尅再考妙選有烈風雷雨格即霹靂見天河是也有天地中分格即戊子見戊午是也有雷霆得門格即戊子己丑日時遇卯是也三格純戊午與前說不同

丙寅丁卯爐中火

爐中火者天地為爐陰陽為炭騰光輝於宇宙成陶冶於乾坤此火炎上喜得木生惟平地之木為上以丙寅見巳亥謂之天乙貴見戊戌謂之歸庫故吉丁卯次之然丙寅火自生無木庶幾丁卯火自敗若無木則凶且此火以金為用更得金來方應化機但丁卯無木而更遇金主勞苦之命夫寅見木多火炎而烈水制主夭卯見三四木不妨如庚寅辛卯就位相生壬午癸未化為真火寅見之多主凶暴或疾夭若天地元有水制亦主中壽丁卯無妨此火雖喜得金為財內劍金寅見之稍可丁卯火既自敗又到申酉而致絕如何能尅非貧即大海中砂鑞諸金須資木生方喜見之釵泊無用見土須先有金與木却喜上以宿之不至太燥如城頭屋壁皆成器之土方好見水命中見受木不然火多喜逢之天上清水寅卯遇之為吉卯中無木則嫌大海丙寅見壬戌為福庫見癸亥為官星帶合半凶半吉井澗溪流

[illegible]

三命通會　卷一　十四

[illegible]

壬申癸酉劍鋒金

[illegible]

甲午乙未砂中金

[illegible]

皆凶有木不在此論火見同類若日月土衰敗則吉霹靂火木自無益若得木生更日時有海水則宜無木遇水凶天上火須有屋土遮之燈火與風又為鼓舞亡神須兼造化斷如丙寅丁酉己酉丙寅火為無氣不失大貴如丙寅甲午己巳丙寅則漂泛不安

甲辰乙巳覆燈火

覆燈火者金盞啣光玉臺吐艷照日月不照之處明天地未明之時此火乃人間夜明之火以木為心以水為油遇陰則吉遇陽則不利凡日時最忌再見辰巳地支有衝恐風吹燈滅疾夭或以戌亥子丑為陰或以自未至亥為陰甲辰見木為根本凡木皆好更得官星祿貴相扶干頭化水尤吉限運遇相助主大貴水以井泉澗下為真油長流假油妙選有暗燈添油格即此理也大海河水則不可以為油遇者主壽長大凡此火見水須資木不喜長生旺氣水太泛反凶命值泊金照耀最為清貴亦須水木相資方能顯達砂中釵釧二金皆吉劍鋒一金謂之燈花拂劍尤吉鑞金不宜五行見土須防尅破若壁土可以安身屋土可以覆庇日時並見主福貴砂土有木亦主衣食餘土無用火受同類却怕風吹霹靂為龍神變化之火必帶風來此火難存天上爐中二火相見最凶再考妙選有魁星格指南格以甲辰生人日時遇午未為是有火土人堂格以此火怕風日時遇丙戌丁亥屋上土則燈在屋中更得添油尤貴

戊午己未天上火

天上火者溫暖山河輝光宇宙陽德麗天之照陰精離海之明戊午為太陽則剛己未為太陰則柔或以為夏日則剛冬日則溫誣也俱要戌亥為天門卯酉為出入之門東南為行陸之地則吉此火見木謂之震折要日時有風與水方得大林木有辰巳松柏石榴有卯酉故惟此三木主貴午見木多猶可水三四水勞苦之命也見金且能照耀不能尅濟劍金有戌亥泊金有寅卯主吉劍金為耀日月之光必主少年登第餘金則殃水宜澗下須戊午見丁丑己未見丙子陰陽交互方為福貴柱中更有木滋生富貴雙全大溪有乙卯井泉有己酉出入得門皆吉天河雨露相濟不以就位尅論戊午見丁未亦吉丙午則不明火受燈頭再有別火則燥霹靂帶雲雨則日月無光故主昏蒙爐中午忌丙寅以午為剛火纔見丙寅便為火生之地若無清水解救主犯刑兇死丁卯稍可土見砂中有巽風相假路傍城屋皆吉柱中更有金木資助尤吉考妙選戊午遇卯己未遇酉為日月分秀格而卯以乙卯辛卯為正己卯丁卯次之酉以乙

酉癸酉為正己酉丁酉次之有日出扶桑格即日分秀再見巳午日時有日輪當表格以戊午生於午月逢巳午日又以戊午見戊子為坎離正位有月生滄海格即月分秀而酉得乙癸是也有月照寒潭格是取壬癸亥子納音屬水為潭然必秋生為貴有月桂芬芳格是己未生人柱有三四木拱集與桂林一枝同桂林以少為貴芬芳以多為貴義各有所取也再考凶格中太陽損明戊午不禁於水溢是嫌水盛太陰薄食己未豈堪於土多是嫌土重也須如是並參方盡其理

丙申丁酉山下火

山下火者草間熠燿花裏熒煌寒林綴葉之光隔幔點衣之彩方朔以螢火名之故妙選有螢火照水格遇秋生則貴為卿監是以此火喜水地支逢亥子或納音水更遇申酉日是也或以上下之火最喜木與山更得風來增輝為貴又不以螢火論矣大林木有辰巳為風桑柘木有癸丑為山松柏平地最吉更得風助主貴若風多吹散主夭水受井泉澗下有木相資主爵位崇顯大海水不宜然有山亦應貴格寅卯為東方木旺火生之地只甲寅水吉乙卯為震有風見之不佳若無火無山更加霹火主夭天上水為驟雨此火不宜相見若先得山水滋助亦無大害命裏有金以清秀為吉無木多逢以竊氣論之乙丑為山主貴遇金若無尅破遇貴人祿馬只以才論土見砂中辰巳有風若有木有山加助主大貴無則虛名火忌太陽霹靂燈頭是巽主光顯大都五行有火須資木則吉限數喜忌俱依此斷

甲戌乙亥山頭火

山頭火者野焚燎原延燒極白依稀天際斜輝彷彿山頭落日此乃九月燒荒衰草盡熱之火也大槩宜山木與風木喜大林松柏以辰巳有風寅卯歸祿更得癸丑為山土木主貴無山則木無所依火無所見縱有風亦不光顯餘木無用只以祿馬看水宜澗下名為交泰主吉井泉清水有木助之亦吉大溪甲戌見甲寅乙亥見乙卯却真祿俱吉天上須有雨露而火到午未得地再得清水濟之不至於燥主福不然則夭大海就位相尅最凶有山逢之稍得日時見金為財須有山木助之則吉無則凶見土惟砂中有巽能揚此火別土無益大凡此火無木見土多是不貴之命旱火爐中太炎霹火凶害太陽昏蒙山下見刑皆所不宜命帶二三火如限數逢木主禍生不測或夭人都此火大怕刑衝

壬子癸丑桑柘木

桑柘木者。繒絲鎡基。綺羅根本。士民飄飄之袂。聖賢楚楚之衣。此水供蠶爲瓜。其用甚大。最愛砂土。以爲根基。又以辰巳爲蠶食之地。不宜刑衝五破。路傍大驛二土次吉。餘土無益。水喜天河。爲雨露之滋。長流溪澗井泉諸水皆可相依。亦須先得土爲基。更加祿貴爲妙。滄海水漂泛無定。無土主夭。見火燈頭最吉。亦以辰巳之中爲蠶位故也。爐中位居寅卯木之旺地。天上霹靂二火。與此木干支有合化之情。有坎離交媾之妙。俱吉。但諸火不宜疊見。以金言之。砂中第一。劍鋒能修整。此水爲坎。釵泊二金。須得土爲基。如逢衝破。又凶。木喜庚寅辛卯。爲以弱就強。以小變大。作貴格論。縱無砂土亦吉。平地柏榴無土則凶。大林乃東南蠶食之位。有土資生。主大貴。遇楊柳爲桑柳成林。亦是貴格。須生春夏方吉。

庚寅辛卯松柏木

松柏木者。潑雪凑霜。參天覆地。風撼笙簧之奏。雨餘旌旆之張。此木藏居金下。位列正東。乃爲極旺。最喜山爲根基。水爲滋潤。大河雨露之水。可以滋潤。澗下丁丑屬山。可爲根基。丙子不如大溪水。有乙卯爲雷。可以發榮。却嫌風霹有損折之凶。大海水有山則吉。癸亥清淨。無山亦吉。若柱有平地得屋土。則爲已成棟梁。無用山水。無此二件。乃山間之茂木也。須要山水。無中有火。最忌爐中就位相生。再加風木灰飛煙滅。五行無水主夭折。山頭山下太陽覆燈。皆不可犯。寅人尤忌戊午丙寅。以木不南奔。寅于三合火局故也。辛卯無害。霹火雖可滋生運。加凡火主凶。土見路傍。似無足貴。若無死木。其福還眞。驛土無山貧夭。更加海水尤凶。金逢乙丑爲印爲山。泊金就位。自旺主吉。劍鋒能削能斷。更得壁土相成。松柏相資。主貴。大林有風。楊柳會火。二木最忌桑柘。癸丑爲山。可以相助。石榴是辛酉金。反化死木。有造化。却吉。妙選有蒼松冬秀格。是以此木主人。月日時屬三冬爲貴。有日合辛卯月。值庚寅二格。雖取戊午己未。主居夏秋。然專論此二木爲貴。

戊辰己巳大林木

大林木者。校幹撼風。柯條撑月。聳壑昂霄之德。凌雲蔽日之功。此木生居東南。春夏之交。長養成林。全假艮土爲源。癸丑爲山。三命無破陷。最爲福厚權貴。戊辰爲土。己巳次之。土遇路傍爲負載。戊辰見辛未爲貴。己巳見庚午爲祿。主福壁屋二土。再得劍金。則大林之木。取爲棟梁成格。最吉。無此乃山間茂林之木也。此木無論死活。皆欲見土。如己人見甲。雖云化土。然不如辰戌丑未土局純金爲妙。若此木已死在山之下。見甲戌乙亥燒之。主凶。天燈火就位相生在山不如甲辰更吉。霹靂太陽二火皆能長育。運中遇之亦吉。然二火嫌並見。特勝須有土爲根基方可。水見天河。戊辰見丁未爲帶貴。雖無土與山。亦主有衣食。即靈槎入天河格也。主秋冬死絶方。是溪海二水。重見主貧夭。有山稍得妙選有蒼龍駕海格。是戊辰見癸亥爲貴。澗下丁丑最吉。丙子不如。諸金俱不宜見。海中有乙丑爲山。劍鋒得屋壁爲本。餘金無用。逢之主夭賤。木喜桑柘。惟癸丑最妙。平地還須得路傍土。謂之平林在野。松柏東方生旺之地。柱有癸丑而得松柏密蔭爲最佳。

壬午癸未楊柳木

楊柳木者。隨堤裊娜。漢苑輕盈。萬縷不蠶之絲。千條不針之帶。午未木之死墓。壬癸木之滋潤。此木根基。惟喜砂土。見艮山則依倚。搖金遇寅卯則東方得地。辛丑有山。庚子不如。戊寅雖吉。己卯尤勝。丙辰丁巳却嫌戌亥對衝。若見大驛有丑爲山。邊之驛稍可。無丑獨見此土。主夭賤。路傍就位。復值死墓日時。遇之主人卑弱。屋土壬午見丁亥。丁壬合化則吉。丙戌不如。水見井泉長流大溪澗下皆吉。中間又分合化旺位尤吉。丙午丁未丙丁眞火。壬午癸未亦火。此木至午木已死。壬午見之大凶。癸庶幾。有別水濟之無害。此木午未已自有六。更見別火。恐引起傷壽。燈頭乙巳有風木折。主凶。爐中寅卯本位。木旺反吉。霹火如壬午見己丑。癸未見戊子。陰陽交遇。更有砂土爲基。主貴。若子午丑未對衝。則不爲吉。金見本無造化。釵釧金泊却喜成功。海鑞劍砂雖忌見之。其間輕重當以祿貴德煞參詳。見松柏木爲脫體化神之格也。主貴。桑柘癸丑爲山。作倚傍成林。主吉。庚申辛酉木既死絶。又逢金尅。以弱遇小。其人必賤。妙選有花紅柳綠格。是以此木遇石榴。生於春夏。不以賤論。有楊柳拖金格。是以此木生於三春。而時得一金。辛亥甲子癸卯辛巳最妙。乃壬癸祿貴之地故也。

庚申辛酉石榴木

石榴木者。性辛如薑。花紅似火。數顆枝頭纍纍。多子房內瑩瑩。干支純金。而納辛屬木。乃木之變者也。可以移盆內而植。傲山。故喜成器之土。以爲根基。城頭爲上。屋土次之。然必陰陽交見。則丙辛丁庚互官。戊辛己寅互卯主吉。路壁驛砂四土。有山助之。亦吉。若無何用。見金砂中最吉。泊金干支水木而納音金。榴木干支金而納音木。皆脫去本性。而互

換歸旺，以木旺寅卯，金旺申酉，各得其位，謂之功侔造化格，主大貴。海中乙丑為山，更逢水助則吉。或壁土城頭亦得。劒鋒就位，相尅最凶。若先有砂金、龍制其毒，亦不為害。水見天河雨露相滋，井泉溪澗清水澆灌，大海太泛濫，非貴則夭。有艮土稍得太陽霹靂二火，雖喜不宜並見，爐中寅卯旺位本吉，再加別火則凶。若此木生於五月日時，止帶一火，謂之石榴噴火，主貴。桑柘大林楊柳三木皆喜見之，見桑柘癸丑為山，見大林戊辰脫體，見楊柳花紅柳綠，皆主功名。見松柏則強，見平地則大。若無別物夾雜，則綠遶紅圍，亦主富貴。如得城土為基，水運為助，享福優游，最為長久。

戊戌己亥平地木

平地木者，初生萌葉，始發枝條，惟資雨露之功，不喜雪霜之積。此乃地土之茂材，人間之屋木。戊戌為棟，己亥為梁，最宜互換見之，須以土為基，土愛路傍為正格，更逢子午尤貴。以子午為天地正柱故也。屋壁城頭三土，以此木相資，中間有升化尤吉。砂驛無用，日時見之主災。天火愛太陽霹靂，最為顯耀，爐中遇水則福，燈頭無風則固，餘火無水則凶。此已成之木，不宜劒金，有木相資則可，泊金增飾光輝，又天干合地支旺，更有傍土為基，主大貴。餘金無用，水見天河為潤澤，主吉。溪海無山俱凶。井泉澗下雖吉，內甲申合丁丑為山，遇之尤吉。木見大林有風動搖，主壽促。松柏癸丑最吉。壬子己亥人見之為貴。戊辰人不堪。松柏木倚輔平地為棟梁，更有土助，主貴人。抵此水惡金而喜水土，若生三冬時，得寅卯為寒谷回春，亦貴論也。

庚子辛丑壁上土

壁上土者，恃棟依梁，興門立戶，却暴禦寒之德，遮霜護雪之功。此乃人間壁土，非平地何以為靠？子午天干若柱遶之，尤為吉慶。凡見木皆可為主。庚寅辛卯亦是棟梁，只辛酉衝破子卯根刑。大林有風，若無承載之土，加凡火主作事難成，貧賤而夭。土愛路傍，謂之負載。屋土城頭可以護身，皆吉。見火全無造化，太陽霹靂雖云照耀，到底蹇危。若命先已見木，遇火助鬼焚尅，還再逢之，主禍患夭折。柱有水救濟，稍得水見甲申為最吉，乙酉次之。天上雨露亦吉，大海漂泛之此土何安？縱有根基亦凶。諸金惟愛泊金，命裏先有木神則貴，以其成宮室而金碧輝煌，非朝廷不敢用也。劒金傷害，餘金無用。

戊寅己卯城頭土

城頭土者，天京玉壘，帝里金城，龍盤千里之形，虎踞四維之勢。此土有成有未成，作兩般論。凡遇見路傍為已成之土，不必用火。若無路傍，為未成之土，必須用火。大都城土皆須資木，楊柳癸未最佳，壬午則忌。桑柘癸丑為上，壬子次之，庚寅辛卯就位相尅，則城崩不寧，何以安人也耶？如見木無夾輔，只以貴人祿馬論之。甲水有山為顯貴，甲申丁丑俱吉。天河資助亦吉，惟忌霹靂大海，壬戌不忌，合化俱以吉推。土愛路傍，防見諸火，大驛逢山須作貴觀，若獨見無根本貧夭孤寒。五行見金，只有白鑞怕異，二者相妨，餘金無用，亦須以貴人祿馬看之。

丙辰丁巳砂中土

砂中土者，浪回所積，波渚而成，龍蛇盤隱之宮，陵谷變遷之地。此土清秀，惟喜清金養之。更得清淨之土，主早貴。釵砂劒泊，此四金清秀相助。如丙人見辛亥為丙丁入於乾戶，號曰駕海長虹，又有星拱北之論，皆貴格也。更得水相涵，尤為上吉。若無水而時日得天上火照亦可。如丙辰乙未、癸酉戊午，此命有二金資養，却金無水，得太陽大照，故貴。如丁巳癸卯、己未壬申，此命二金資養，得天上火照亦貴。然戊午太燥，己未稍纖，壽夭不同。水以井澗清淨為吉，若有金以養之，貴。如此土已得金養，而日時有海水，便壞造化。癸亥輕清，兩人見之，限運逢亦主顯榮。餘水無用，人喜太陽在格，號為朱雀騰空，主貴。山頭、山下、爐中、覆燈諸火，若無水濟，主壽夭。木愛桑柘楊柳，以此土能栽二木故也。餘木却以祿馬貴人參之，如日中刑破衝尅之木，雖見有何造化，不如無為吉。五行最忌土相形，路傍安身，有金大資，主亦主福慶。大驛往來，最不相見，縱有金水亦凶，餘土尤不為吉。

庚午辛未路傍土

路傍土者，大地連途，平田萬頃，禾稼賴以資生，草木由之暢茂。此乃火煖土溫，長養萬物之土也，故須假水為先，乃灌溉滋潤之論。次第尤宜水化為妙，更得金來相助，則禾稼成實。如庚午見甲申，辛未見乙酉，為祿，若無衝破，主早貴。天上水、雨露相滋。庚午喜見丁未，辛未喜見丙午，為官貴祿合之妙。澗下庚午見丁丑，貴祿交馳；辛未見丙子，化水逢之。大溪乙卯為雷能發生，此土又乙庚合化，故皆主吉。長流大海二水，以其不能澆灌此土，故最忌之，主凶。天火逢[illegible]。庚午見己丑，貴祿交穿；辛未見甲子，印貴朝陽，皆吉。天上火就位相生，太燥則土反不能生物，有水潤之始得。若[illegible]見主夭。爐中火亦燥，亦主妨壽。燈頭有屋土方應造化，名超凡入聖，不然亦凶。見木可以發主，然有貴人祿馬則吉，刑煞

衝破則凶口有庚寅木此土逢之大好大林不能勝載如逢土位見丙辰丙戌辛丑辛未皆吉若庚午見辛未見庚午為二儀貴偶無有不貴釵釧砂中二金可以滋助清水金水並見大吉若命已見水無金運遇此金亦福乙丑海金可為山論若得天河清水助之庚人大好妙選有金馬嘶風格以庚午甲午生人得辛巳時有馬化龍駒格又以午生人見辰時有哨風猛虎格以庚辛生人得辛巳乙巳俱以貴論而水火土金似不相拘

戊申己酉大驛土

大驛土者堂堂大道坦坦平途九州無所不通萬國無行不至此乃位屬坤方德乃載厚輪天轉日貞海乘山之土也發生萬物以木為基戊申長生之土德厚無疆見三四木皆能滋生己酉自敗之土木多則竊敗大林合中遺衝主夭別木則吉更以祿貴恭之井泉澗下二水清貴不燥如戊申見丁丑或乙酉己酉見丙子或甲申謂之官貴主吉天河丙午而己酉得之丁未而戊申得之亦為貴祿主福長流戊申見癸巳己酉見壬辰亦吉多逢則不寧靜大溪乙卯為東震癸空之義早見亦吉海水對穿上不能勝日時遇主夭得山稍輕丙戌申見癸亥戊癸合申亥為地天交泰又吉火見太陽霹靂謂之聖火最能發生此土如逢水助女顯達其餘凡火再逢木生之更燥主剋夭五行見土惟路傍最宜屋上壁上砂中縱先得木亦為民絕城頭有水稍吉命若有金清秀吉釵釧得辛亥金泊得壬寅戊申遇之柱中更加水助乃地天交泰水遶山環大格主貴己酉見庚戌癸卯稍次硝金造化亦同劍金須候木得用不然無益

丙戌丁亥屋上土

屋上土者埏埴為林水火既濟蓋蔽雪霜之積震凌風雨之功此土瓦也非木無以架之故以木為根基平地為土大林次之餘取天干化木亦吉只怕衝破此己成之土不宜見火爐中丙寅最凶丁卯稍可太陽霹靂可取相資山下山頭有木生之則禍燈頭丙戌見乙巳為上丁卯見甲辰次之謂之火土入堂格若柱中木多亦不為吉水宜天河井泉澗下皆吉如光得平地木成格大貴溪流無木多夭若丙戌而得癸巳丁亥而得甲寅則又別論再看日時所成造化何如大海無山則不宜見土土見路傍如丙戌得辛未丁亥得庚午陰陽互見更假木為基主貴壁上亦宜餘則汨沒若缺木而三刑聚縱是二土亦凶砂土獨丁巳不妨金惟劍鋒釵釧最吉丁見壬申天干化木地支乾坤清夷丙見辛亥天干化水地支丙入乾戶皆大貴格若丁亥見庚戌丙戌見癸酉則不為吉泊金有粉飾之用亦吉餘金無用當以貴祿參詳

丙子丁丑澗下水

澗下水者山環細浪雪湧飛湍大連南北之流對峙坎離之截此水清澄喜見金養砂中劍鋒二金最宜釵釧庚戌丁丑不宜以丑戌相刑辛亥見丙子則丙辛化水尤貴餘金以祿貴恭之取其資生惡其衝破見木一位不妨二三則主勞苦亦以貴人祿馬恭之命中見土主人多濁天元若木或化水則主清吉砂中屋上二土其氣稍清路傍大驛則濁甚矣主財散禍生如辰戌丑未土局其凶尤甚以水濁土渾故也火見太陽雖炎中間有既濟未濟之論霹靂就位相爭最所不宜若二火並臨無金資助主荒淫有金別論山下山頭亦吉若並臨時日則嫌命中遇水反成漂蕩見天河為引凡入聖見大海為福貴朝宗皆吉獨丁丑見壬戌則丑戌相刑丁壬淫合主風聲不雅大溪性急長流不靜皆不為吉大抵此水須以金為主而無火土史雖再得甲寅乙卯之水則源遠流清真君子人也

甲寅乙卯大溪水

大溪水者驚濤拍岸駭浪浮天光涵萬里之寬碧倒千山之影最喜有歸有養遇坎則為有歸得金則為有養所謂者日月時中有申酉衝動或辰巳風吹主飄流井泉水靜而止澗下有丑為艮天河沾潤大海朝宗此四水皆吉長流有風獨不宜見此水以濟金為助養惟釵砂最宜鐵金亦清若有釵金對衝則不宜海中雖無造化甲子屬坎乙丑為艮乃歸源之地亦吉泊金最微不能相生豈有超顯之理劍金雖化於大溪却忌卯雷巽風主性不定五行有土皆為無益屋上城頭壅阻此水路傍稍可亦不為奇壁上獨辛丑為出大驛惟己酉有合戊申則衝庚子則刑皆不為吉火見太陽雖假照耀霹靂尤忌相逢若二火互見主貧單見別論木見此水徒被漂蕩惟桑柘水壬子有坎癸丑為山為水遶山環之貴丙甲寅人見壬子吉乙卯人見癸丑吉餘木以祿貴恭之尤忌衝破

壬辰癸巳長流水

長流水者混混無窮滔滔不竭就下必納於東南順流自歸於辰巳此水喜見生養金要白鐵釵釧以天干有庚辛真金地支辰巳就位相生戌亥為歸源之地劍鋒純是金水泊金水木居東皆以吉論海中砂中無取嫌土塞涸而土有隄防之用六土之中取庚辛丙丁為吉戊己無用遇火則相刑而有既濟之妙丙壬辰喜見丁卯丁酉癸巳喜見戊子

戊午。以天干合化故也。燈頭癸巳尤喜見甲辰山頭壬辰尤喜遇乙亥。化龍歸祿。取義更佳。逢木雖漂泛。而桑柘癸丑為山。楊柳癸未為園。年時得此水圍之為水遶花堤大貴格也。松柏石榴天干有金相生大林平地雖嫌有土而癸巳見戊辰。壬辰見巳亥俱吉。水為同類。澗下則丁壬合化。天上則雨露相資。井泉大溪無益。海乃眾流所歸。而壬辰之龍得癸亥則龍躍天門。春夏秋生為吉。或龍潛大海則冬生乃宜。柱中須先得金為妙。又壬辰為自印之水。再見壬辰則刑。刑則自害。見戊戌則衝。衝則泛濫。主凶。癸巳自絕之水。名為涸流。若遇丙戌丁亥庚子辛丑之土。其涸可待。柱中如得三合生旺之金。主之則吉

丙午丁未天河水

天河水者。亂灑六野。沾沛千郊。淋淋漏下銀河。細細飛來碧落。此乃天上雨露發生萬物。無不賴之。銀河之水。土不能尅。故見土不忌。而且有滋潤之益。天上之水。地金難生。故見金難益。而亦有瀾秀之情。生旺太過則為淫潦。反傷於物。死絕太多則為旱乾。又不能生物。要生三秋。得時為貴也。水喜長流大海。內丙午宜癸巳。癸亥。丁未宜壬辰壬戌。陰陽互見尤吉。大溪乙卯為雷。井泉己酉為貴。俱以吉論。火喜霹靂為神龍之火。與此水相濟。而倏忽變化。雲行雨施。豈有不貴。爐中火旺大海水旺。如柱中得二火二水。上下相濟。謂之精神俱足。大貴格也。燈頭有風。山頭有實。皆以吉論。又須以別水濟之方吉。天上就位相尅則忌見之。木石榴楊柳俱吉。大林有巽。平地有亥。亦吉。松柏石榴遇丙辛合化。亦以吉論。妙選有靈槎入天河格。是取死絕無根之木。柱無土培則漂流天河是也。土雖不能尅。而柱逢庚午辛未就位相尅。上壅水滯。或水又冬生。則水結池塘。必主濁濫。餘土如砂中稍有木去之方可。水喜大海為引凡入聖。天上澗下長流亦不為災。大溪甲寅乙卯為吉。如甲申見乙酉。乙酉見甲申。官星互換最吉。如二水在年時。二木在月日。謂之水遶花堤。乃貴格也。

壬戌癸亥大海水

大海水者。總納百川。汪洋無際。包括乾坤之大。升沉日月之光。此水原有清濁。以兩般分論。壬戌有土氣為濁。癸亥干支純水而納音又水。故清。壬戌人嫌山。以土氣太盛。有金清之方吉。癸亥最喜見山。然後海水之性始安。澗下丁丑為山。天河與海上下相通。柱中有木為槎則乘槎入於天河。極為上格。長流大溪等水。得竟皆歸於海。以海水不擇細流故能成其大也。壬辰為龍歸大海。尤吉。中間又分陰陽互見干支合化。方可。井泉則有所制。與海不通。故不喜見之。諸金獨海中第一。以壬戌癸亥喜見甲子乙丑。砂中亦得。餘金又當以貴人祿馬參之。火喜天上與海水相為照耀。最吉。霹靂己丑為山。戊癸合化。柱得木火旺地亦吉。山下山頭覆燈諸火不宜見。木惟壬子癸丑壬午癸未俱吉。大林有風衝動。水性不安。平地厚載。則就位相得。松柏石榴。若無土制。則漂泊無定。土愛屋上皆吉。城頭大驛無用。壁上地支對衝。亦壞造化。金雖不能生。獨辛亥釵金却屬乾天。水在天上。只此最吉。餘金亦取天干有庚辛壬癸者為用。甲乙無用。再以祿馬貴人參之。始得妙選。又以水生人得庚子壬子為雲騰雨施。生春則旱。夏則潦。冬則寒。獨三秋最吉。遇甲辰乙巳庚辰辛巳柱中有壬為雲。有辰為龍。為風雨作霖。若生冬月。是為霜凝霧露。日時喜遇寅卯溫和之氣。可解所凍。俱貴格也。

甲申乙酉井泉水

井泉水者。寒泉清冽。取養不窮。八家鑿之以同飲。萬民資之以生活。此水生於金而出於木。故喜見金為福。砂中有土性。與之最宜。釵釧清秀。次之。鐵金與釵金相衝。故不宜再見。劍鋒申酉大旺。恐有泛濫之災。海金無取。乙丑為艮山。下出泉亦吉。此非木不能出。譬之桶論。故見木皆吉。如見平地大林須假劍金削之方可取用。桑柘楊柳無用。松柏則互換歸祿。此其最吉。諸火陰陽互見則吉。霹靂名為入聖。太陽號為顯照。二火相見最吉。俱不宜並有。則凶。諸土路傍砂中最吉。屋上有天門主水之源亦吉。城頭壁上與此水則無干涉。大驛就位相尅。水為土掩。則井渫不食。路傍大驛惟此二土足以振之不泄。況癸亥見戊申為天關地軸大格。日時遇此厚土。總有風雷亦不為害。城頭己卯須貴艮則吉加進。霹靂則雷火變化。海水淘湧。亦主貧寒。

六十甲子納音取象。其十干有可以為金。有不可以為金者。雖因所值之數不同。而五行類化類從之妙。其理亦不可不知。如甲乙庚辛壬癸。此三行者可以為金。而丙丁戊己不與焉。庚辛元金。固非本家之物。壬癸非金也。又胡為金以金水相生之理。而水亦可以為金。故世有水碧金明之物。甲乙之木其質堅強。世有木化為石者。可以例見。故此二者可以取象為金。與水家之物同也。丙丁屬火燥剛。不同戊己屬土柔剛。不同與金相反。自不可以金論。戊己庚辛壬癸此六干者可以為木。而甲乙丙丁不預焉。以丙丁元火所以焚木。自不可取。甲乙原木。胡不取之。殊不知五行中金還

金水還水火還火土還土獨木則變以木資水火土之性假合而生木絕而枯槁則還水也灼之為火則還火也腐之為土則還土也故不用木所以脫體而化神也六甲輪環所值之數五行錯綜所得之理自可以黙識矣皆木皆水所生其津液即水也故壬癸可以為水庚辛之質其堅與甲乙同故甲乙可以為金而庚辛可以為木互換交通其理亦無二也丙丁甲乙壬癸取象為水以壬癸原水也丙丁其化也甲乙之津液即水也戊己之土所以剋水庚辛之金所以燥水氣有異也自不可以水論甲乙丙丁戊己取象為火以丙丁原火也戊己其化也甲乙之生燃即火也壬癸之水所以剋火庚辛之金所以燥火類不同也自不可以火論丙丁戊己庚辛納音屬土戊己原土也丙丁之火化而為灰灰即土也庚辛之金混於土中乃土之精氣所結故皆可以為土若壬癸之水潤下不疑甲乙之木散上不止自不可以土論究其取象有輕重有大小有剛柔有氣味有體質有功用各各不同此又兼地支方隅之位旺相休囚不同而天干之所值或從本象或從化象或從別象天人交盡其理生剋互成其義此金所以有海中砂中金泊白鑞劍鋒釵釧之別而金之象無餘蘊矣餘木火水土可以例見此納音取象所以為造化之妙也歟所以五行之中惟水火不宜太旺旺則不可救藥故丙午丁未酸以天河水以水能制火也戊午己未謂之天上火以戊己蓋其土則火不焰也午未在天之中丙丁屬火皆午未旺鄉故歷代遇此二年皆不靖此以理論而非原取象之義然亦不可不知再按納音取象出自黃帝故諸術家皆宗之自徐大升作定真論胥畫景以前未知金在海中之論而元之星士遂有納音空自失天真之說故今之談命者只論正五行而納音不取焉豈知納音之理取象之精此正造化之所以為妙凡論人命尤不可不推究而體察之以盡其微也今陰陽家論先天老五行而不取洪範五行目為滅蠻經以其顛倒陰陽反易水火太和周視作陰陽定論乃深闢之西蜀羅青霄作陰陽辨疑以洪範五行出自八卦斷不可不用又闢周氏之見為誣噫何前後無定說也耶余見納音五行即洪範五行之義不可舉一廢一談命者本之以五行為經參之以納音為緯庶足以盡命數之理而造化無餘蘊矣

論曰自天地開闢而干支之名即立相傳出自天皇地皇而錯綜為六十甲子則自伏羲造甲曆始也既名甲曆則年月日時皆以六十甲子紀之而天地之始終日月之運行四時之寒暑陰陽之變化皆不能易三反以定自黃帝以六十甲子納音取象於是五行各有所屬而金木水火土之性情形質功用變化悉盡其蘊而易自在其中矣故以此而測兩儀則天地不能逃以此而推三光則日月星辰不能變以此而察四時則寒暑不能易以此而占人事則吉凶禍福壽夭窮通舉不能外而造化無遁情矣今之儒者但知八卦畫自伏羲文王重之為六十四周公作文辭孔子作繫辭以易更四聖而後成謂之經自五行家為九流其亦不思甚矣豈以五行家專論生旺而昧正理妄天命而棄人事與易道不合也嗚呼干支出自上古甲子本之羲皇音家傳自皇帝是數聖人也豈在文王周公孔子後也若天地開闢而干支之名不立則不能錯綜為甲子無六十甲子則不能錯綜五行何以紀歷成歲而一年有三百六十日歲有十二月月有三十日日有十二時孰從而明之孰從而知之而舉世混混沌沌如在洪濛之中何以立兩間參三才而成世界也耶所以百姓日用而不知終身由之而不察者是矣易道雖微不過因天地定位山澤通氣雷風相薄水火不相射取象以畫八卦其理自不出干支甲子之外而別有所創置也嗚呼干支錯綜而為六十八卦錯綜而為六十四甲子以數納音以理取象乃五行之正也而八卦之體已備八卦仰觀俯察遠取諸物近取諸身為六十四卦三百六十四爻亦一年之數也而干支之用以行干支本天地以為經八卦道陰陽以為緯經緯錯綜往來變化而天地之蘊與鬼神之情狀人事之吉凶盡在其中而其義微矣世之儒者又烏可鄙五行為九流哉

論五行

五行者往來乎天地之間而不窮者也是故謂之行北方陰極而生寒寒生水南方陽極而生熱熱生火東風陽散以泄而生風風生木西方陰止以收而生燥燥生金中央陰陽交而生濕濕生土其相生也所以相維其相剋也所以相制此之謂有倫火為太陽性炎上水為太陰性潤下木為少陽性騰上而無所止金為少陰性沉下而有所止土無常性視四時所乘欲使相濟得所勿令太過弗及夫五行之性各致其用水者其性智火者其性禮木者其性仁金者其性義惟土主信重厚寬博無所不容以之水則水附之而行之以木則木托之而生金不得土則無自出火不得土則無自歸必損實以為通致虛以為明故五行皆賴土也推其形色則水黑火赤金白土黃此正色也及其變易則不然常以生旺從正色當生旺則正氣全可見正色死絕從母色水者木之母死絕則黑木者火之母死絕則青火者土之母死絕則赤土者金之母死絕則黃夫五行死絕則氣歸根見母之色凡人過苦楚而呻吟母者乃其義也成形冠帶從妻色少壯之年及衰老之際仰妻之時也病敗從鬼色病敗之地是鬼旺之鄉受剋則氣歸鬼旺墓從子色旺

為傳墓為斂藏故色在於子。其數則水一火二。木三金四。土五生旺加倍死絕減半。以義推之。夫萬物負陰而抱陽沖氣以為和過與不及皆為乖道故高者抑之使平。下者舉之使崇。或益其不及。或損其太過。所以貴在折衷歸於中道使無有餘不足之累。即財官即食貴人驛馬之微意也。行運亦如之。識其微意則於命之說思過半矣。

金 喜水象上生空亡煆煉水寒金銷刑煞尅害 忌木旺火旺墓敗等火

金以至陰為體中含至陽之精。乃能堅剛獨異眾物。若獨陰而不堅水雪是也。遇陽則銷矣。故金不鍊不成器。聚金無火難成脫朴之名。金重火輕執事繁難。金輕火重煆煉消亡。金極火盛為格最精。金火全名鑄印。犯丑字即為損模。金火多。名乘軒遇死衰反為不利。大火煉金幸功名而退速。絕金奏水遇富顯以贏餘。金能生水。水旺則金沉。土能生金。金貴則土賤。金無乾枯水重則沉淪無用。金無土死絕。土重則埋不顯。兩金兩火最上。兩金兩木財足。一金生三水虛弱難勝。一金得三木頑鈍自損。金成則火滅。故金未成器。欲得見火。金已成器不欲見火。金到申酉巳丑亦可謂之成也。運喜西北不利南方。生於春月。餘寒未盡。貴乎火氣為榮。性柔體弱。欲得厚土輔助。水盛增寒難施鋒銳之勢。木旺損力。反招剉鈍之危。金來比助扶持最喜。比而無火失類非良。夏月之金性尚柔。形未執方。尤嫌死絕。火多而卻為不厭。水盛而滋體呈祥。見木而助鬼傷身。遇金而扶持精壯。土薄而最為有用。土厚而埋沒無光。秋月之金當權得令火來煆煉遂成鐘鼎之材。土多培養反為頑濁之氣。見水則精神越秀。逢木則琢削施威。金助愈剛。剛過必缺。氣重愈旺。旺極則害。冬月之金形寒性冷。木多則難施琢削之功。水盛而未免沉潛之患。土能剋水。金體不寒。火來助土。子母成功。喜比肩聚氣相扶。欲官印溫養為利。

木 喜琢削生扶取火王梧生旺地面有黨成林 忌空折飄落空亡動搖死絕枯槁自焚耗泄濕爛

木主騰上而無所止。氣重則欲金任使。木有金則有惟高惟斂之德。仍愛土重。則根蟠架固。土少則有枝茂根危之患。木賴水生。少則滋潤。多則漂流。甲戌乙亥。木之源。甲寅乙卯。木之鄉。甲辰乙巳。木之生。皆活木也。甲申乙酉。木受尅。甲午乙未。木自死。甲子乙丑。金尅木。皆死木也。生木欲火而秀。丙丁亦然。死木得金而造。庚辛必利。生木見金自傷。死木得火自焚。無風即止。其勢亂也。遇水反化。其源其勢盡也。金木相等。格謂斵輪。欲向秋生。反為傷殘。是秋生忌金重也。陰木重火。舌辯能言。生於春月。餘寒猶有。喜火溫煖。則無盤屈之拘。藉水資扶。而有舒暢之美。春初不宜水盛。陰濃則根損枝枯。春木陽氣煩燥。無水則葉槁根乾。是以水火二物既濟方佳。土多而損力。土薄則財豐。忌逢金重傷殘克伐一生不閒。設使木旺得金為良。終身獲福。夏月之木根乾葉燥。盤而且直。屈而已伸。欲其水盛而成滋潤之力。誠不可少。忌其火旺而招焚化之憂。故獨為凶。喜土在薄。不宜重厚。厚則反為災咎。惡金在多。不可欠缺。缺則不能琢削。重重見木。徒以成林。疊疊逢華。終無結果。秋月之木氣漸淒涼。形漸彫敗。初秋之時。猶喜水土以相滋。中秋之令果已成實欲得剛金而修削。霜降後不宜水盛。水盛則木漂。寒露節又喜火炎。火炎則木實。木多有多材之美。土厚無己任之才冬月之木盤屈在地。欲土多而培養。惡水盛而亡形。金總多不能尅伐。火重見溫煖成功。歸根復命之時。木病安能輔助。惟忌死絕。只宜生旺。

水 喜清澈見遠相生火濟潤下西北 忌空亡泛濫尅害木多氣寒枯涸死絕焦燥等土

天傾西北。亥為出水之方。地陷東南。辰為納水之府。逆流到申而作聲。故水不西流。水之性潤下。順則有容。順行十二辰順也。主有度量。有吉神扶助。乃貴格。逆則有聲。逆行十二辰逆也。人格者主清貴。有聲譽。忌刑衝則橫流變自死自絕。則吉。水不絕源。仗金生而流遠。水流泛濫。賴土尅以堤防。水火均則合既濟之美。水土混則有濁源之凶。四時皆忌火多。則水受竭。忌見土重。則水不流。忌見金死。金死則水凶。忌見木旺。木旺則水死。沈芝云。水命動搖。多主濁濫。陰人尤忌之。口訣云。陽水身弱窮。陰水身弱貴。生於春月。性濫滔淫。再逢水助。必有崩堤之勢。若加土盛。則無泛漲之憂。喜金生扶。不宜金盛。欲火既濟。不要火多。見木而可以施功。無土而仍愁散漫。夏月之水。執性歸源。時當涸際。欲得比肩。忌金生而助體。忌火旺而太炎。木盛則耗盜其氣。土旺則尅制其流。秋月之水母旺水相。表裏瑩光。得金助則能清澄。逢土旺則嫌混濁。火多而財盛太過。不宜木重而妻榮中和為利。重重見水增其泛濫之憂。疊疊逢土始得清平之意。冬月之水司令則專權。遇火則增煖除寒。見土則形藏歸化。金多反曰無義。木盛是謂有情。土太過尅制水死。水泛漲喜土為堤。

火 喜和煖生助空亡炎上高遠土照水濟死水之木 忌局促急燥清冷水重木枯雜黨木敗

炎炎真火。位鎮南方。故火無不明之理。輝光不久。全要伏藏。故明無不滅之象。火以木為體。無木則火不長焰。火以水為用。無水則火太酷烈。故火多則不實。太烈則傷物。木能藏火。到寅卯而方生。火不利西。遇申酉而必死。生居離位。果

斷有爲。若居坎宮。謹愼守禮。金得火和。則能鎔鑄。水得火和。則成既濟。遇土不明。多土蹇塞。逢水旺處。則決定爲榮。木死火虛。難得永久。縱早功名。必不久長。春忌見木。惡其焚也。夏忌見土。惡其暗也。秋忌見金。金旺難剋制。冬忌見水。水旺則滅形。故春火欲明不欲炎。炎則不實。秋火欲藏不欲明。明則燥。冬火欲生不欲殺。殺則暗。生於春月。母旺子相。勢力並行。喜木生扶。不宜過旺。旺則火炎。欲水既濟。不愁興盛。盛則沽恩。土多則蹇塞埋光。火盛則傷多爆燥。見金可以施功。縱重疊妻財猶遂。夏月之火。勢力行權。逢水制則免自焚之咎。見木助必招夭折之患。遇金必作良工。得土遂成稼穡。金土雖爲美利。無水則金燥土焦。再加火。取太過傾危。秋月之火。性息體休。得木生則有復明之慶。遇水剋難逃隕滅之災。土重而掩息其光。金多而損傷其勢。火見火以光輝。縱疊見而轉利。冬月之火。體絕形亡。喜木生而有救。遇水剋以爲殃。欲土制爲榮。愛火比爲利。見金而難任爲財。無金而不遭妻害。天地雖傾。水火難滅。

土 喜生扶，堅厚，疏通，生金。忌崩頹，木重，水多，空亡，氣寒，金重，虛浮。

五行之土。散在四維。故金木水火。依而成象。是四時皆有用。所忌者火死酉也。水旺子也。蓋土賴火印。火死則土囚。喜水財。水旺則土虛。土得金火。方成大器。土高無貴。空惹灰塵。土聚則滯。土散則輕。辰戌丑未。土之正位。分陰分陽。主則不同。辰育伏水。木有匯水滋養萬物。春夏爲功。戌有藏火。丑育隱金。秋火冬金。肅殺萬物。故土聚辰未爲貴。聚戌丑不爲貴。是土愛辰未而不愛丑戌也明矣。若更五行有氣。人命逢之。田產無比。晚年富貴悠悠。若土大實無水則不和燥。無木則不疏通。土見火則焦。女命多不生長。土旺四季。惟戌土困弱。戌多爲人好鬪。多瞌睡。辰未人好食。丑人清省。丑有艮土。有癸水能潤而育人。命遇此。主能卓立。生於春月。其勢虛弱。喜火生扶。惡木太過。忌水泛濫。欲喜比助。得金而制水爲祥。金者多仍盜土氣。夏月之土。其勢燥烈。得盛水滋潤成功。忌旺火煆煉焦赤。木助火炎。生剋無良。金生水泛。妻財有益。見比肩蹇滯不通。如太過又喜木襲。秋月之土。子旺母衰。金多而耗盜其氣。木盛而制伏純良。火重重而不厭。水泛泛而非祥。得比肩則能助力。至霜降不比無妨。冬月之土。外寒內溫。水旺財豐。金多子秀。火盛有榮。木多無咎。再加土助尤佳。惟喜身強足壽。

徐大升曰。金賴土生。土多金埋。土賴火生。火多土焦。火賴木生。木多火熾。木賴水生。水多木漂。水賴金生。金多水濁。金能生水。水多金沉。水能生木。木盛水縮。木能生火。火多木焚。火能生土。土多火晦。土能生金。金多土變。金能剋木。木堅金缺。木能剋土。土重木折。土能剋水。水多土流。水能剋火。火炎水熱。火能剋金。金多火熄。金衰遇火。必見銷鎔。火弱逢水。必爲熄滅。水弱逢土。必爲淤塞。土衰遇木。必遭傾陷。木弱逢金。必爲砍折。強金得水。方挫其鋒。強水得木。方泄其勢。強木得火。方化其頑。強火得土。方止其焰。強土得金。方制其害。斯言簡而盡也。

三命通會卷之二

育吾山人著

論河圖及洪範五行

古者庖羲氏之王天下也。則河圖以作八卦。故序乾坤坎離震巽艮兌之名。設天地日月風雷山澤之象。告辭曰。天地定位。山澤通氣。風雷相薄。水火不相射。八卦相錯。八卦成列。而二十四位同行乎其中。追不以陰陽消息驗之。八卦之變。甲本屬木。納卦於乾之與坤交。以坤之上下二爻交換乾之上下二爻。化成坎象。甲隨坎化。故屬木也。乙本屬木。納卦於坤。坤與乾對。以乾之中爻交換坤之中爻。化成離象。乙受離化。故屬火也。丙本屬火。納卦於艮。艮與兌對。以兌之下爻交換艮之下爻。化成離象。丙受離化。故屬火也。丁本屬火。納卦於兌。兌與艮對。以艮之上爻交換兌之上爻。化成乾象。丁受乾化。故屬金也。庚本屬金。納卦於震。震與巽對。以巽之下爻交換震之下爻。化成坤象。庚受坤化。故屬土也。辛本屬金。納卦於巽。巽與震對。以震之上爻交換巽之上爻。化成坎象。辛受坎化。故屬水也。壬本屬水。納卦於離。離與坎對。以坎之中爻交換離之中爻。化成乾象。壬受乾化。木當屬金。納於離火。火熖金銷。不能退而自附於離火立焉。故屬火也。癸本屬水。納卦於坎。坎與離對。以離之中爻交換坎之中爻。化成坤象。癸受坤化。故屬土也。此八干納卦之變。如乾坤上下二爻交者。取象於否泰之義。故曰天地定位。震艮以上爻交於巽兌。巽兌以下爻交於震艮者。取象於咸恒損益之義。故曰雷風相薄。山澤通氣。離以中爻交於乾坤。乾坤以下爻交於坎離。取象於既濟未濟。故曰水火不相射是也。八卦有變不變。乾坤本乎金上而不變者。乃陰陽之祖宗。眾卦之父母也。退身於休明之地。老亢而不變也。故坎離震兌位乎四正。金木水火而不變者。以子午卯酉四位。各專四旺之地。宣布四時之令。而氣化行焉。故不變也。艮巽用變者。艮土易位於坎震東北之界。處身於衰丑病寅之間。思於更相代立。自然成山而化木也。巽本易位於震離東南之界。立身於衰辰病巳之間。不能自立。反歸於水長為墓地。並與辰皆水也。亥本屬水。因金以生。乘代金立。故亥屬金也。寅本屬木。因水以生。乘代水立。故寅屬水也。巳本屬水。因木以生。乘震之衰。代震之立。故巳屬木也。申本屬金。水生於申。金助水勢。故申屬水也。辰戌丑未。五方五土之神。分為四季。作造化甄陶之主。為厚載之質。本方可變。因土以生。木附於土。奪土一半為水。水動土靜。辰戌陽之動也。故屬木。丑未陰之靜也。故屬土。化氣五行所取之由。大率類此。蓋天地交而萬物通。上下交而德業成。男女交而志氣同。古往今來。未有不交合而能成其造化者也。衰病代謝。未有不自繼禪乘化。而能致化機之運者也。故洪範大五行所以云乙丙離壬為炎火。乾亥兌丁從革鄉。癸丑坤庚未稼穡。震艮四位曲直裝。甲子寅申巽辛地。辰戌皆同潤下行。凡看人命。如遇甲乙丁庚辛壬癸子。居於乾艮巽坤之鄉。又當以所變者而論之。與十干化氣、六十納音、納甲相叅互看。不可只以河圖正五行論命。而曰予乎法如此。此世之談命者所以多不准也。

論天干陰陽生死

或問十干有陰陽剛柔生死之分。其說然否。答曰。十干五陽五陰。陽者為剛。陰者為柔。易曰。分陰分陽。迭用柔剛是也。其生死之分。如母生子。子成而母老死。理之自然。賦曰。陽生陰死。陽死陰生。循環逆順。變化見矣是也。

甲木乃十干之首。主宰四時。生育萬物。在天為雷為龍。在地為梁為棟。謂之陽木。其祿到寅。寅為離上之木。其根已斷。其枝已絕。謂之死木。死木者。剛木也。須仗斧斤斷則方成其器。長生於亥。亥為河潭池沼之水。名曰死水。故死木放死水中。雖浸年久。不能朽壞。譬如杉椿之木。在於水中則能堅固。若離水至岸而遇癸水。癸水者。活水也。為天地間雨露。日晒雨淋。乾濕不調。遂成枯朽。則能生火。火旺而木必焚矣。故有灰飛烟滅之患。且午屬離火。火積木生。木為火母。火為木子。子旺母衰。焉有不終之理。故甲木死於午。經云。木不南奔。正謂此也。又曰。甲乃陽剛蠢木。原無根葉枝葉。若成器得用。必藉乎金容藏不壞。必賴乎水火初得配。遂成文明之象。使火過多。兼遇南方。化成灰炭。反致其害矣。蓋甲木不以春秋而為榮悴。觸物變化。亦無定形。須看火金水何如。又看化合何如。不可執一而論。

乙木繼甲之後。發育萬物。生生不已。在天為風。在地為樹。謂之陰木。其祿到卯。卯為樹木。根深枝茂。謂之活木。活木者。柔木也。懼陽金研伐為患。畏秋至木落凋零。欲潤上而培其根荄。利活水而滋其枝葉。活水者。癸水也。即天之雨露。地之泉源。潤上者。己上也。如耕耨之土。成稼穡之功。己祿在午。午乃六陽消盡。一陰復生。故稻花開於午時。乙木生於午地。十月建亥。亥乃純陰司令。壬祿到亥。當權死水泛濫。土薄根虛。有失培養。故乙木死於亥。經云。水泛木浮。正此謂也。又曰。乙乃枝葉繁華之木。大喜陽和煦照。則發榮。不利陰冷慘刻。則耗枯。水多則傾頹其根荄。金旺則戕剝其生意。如身衰火多。兼行南方。而禍不淺。西行土重。助煞傷身。不克從者。為禍尤深。蓋活木運根之木也。豈棟梁之比哉。

三命通會卷之二

育吾山人 著

論河圖及洪範五行

古者伏羲氏之王天下也，則河圖以作八卦，[illegible]

[illegible]

論天干陰陽生死

[illegible]

丙火麗乎中天普照六合在天為日為雷在地為爐為冶謂之陽火其祿在巳巳為爐冶之火謂之死火死火者剛火也喜死木發生其焰惡金土掩息其光死木者甲木也甲祿在寅寅乃陽木之垣木盛火生隱於木石之間非人用之不能生發故五陽皆出乎自然而為先天五陰皆係乎人事而為後天丙火生於寅其理甚明如太陽之火自東而升至酉而沒且酉屬兌兌為澤己土生金金氣盛掩息丙火之光不能顯輝豈無晦乎故丙火生於寅而死於酉經云火無酉向正此謂也又曰丙火太陽之象上下化光無所不照然不以浮水之木為母不能生有焰之火不以濕水之土為子陽火所不產也縱遇江湖死水不合不衝則波濤弗致衝激焉能為尅火之害其所忌者乃繁華之木渴水不能生火而反能晦火之光如五星太陽以木炁為難之義

丁火繼丙之後為萬物之精文明之象在天為列星在地為燈火謂之陰火其祿到午乃六陰之首丙有乙木能生丁火乙為活木丁為活火活火者柔火也丁喜乙木而生乃陰生陰也如世人用菜油蔴油為燈燭之義夫油乃乙木之脂膏也至於酉時四陰司權燈火則能輝煌列星則能燦爛故丁生於酉至於寅地三陽當令陽火而生陰火而退如日東升列星隱耀燈雖有焰不顯其光故丁生於酉而死於寅也經云火明則滅正謂此也又曰丁火陰柔要得時遇局方能輝光燦爛雖頑鈍之金亦在其所煆煉若失時喪局即韜光晦跡而烟無存雖微形之金亦不能制然木燥雖少猶足以發火之機木濕雖多亦難以致火之明要看其中強弱不可泥於一偏

戊土洪濛未判抱一守中天地既分厚載萬物聚於中央散於四維在天為霧在地為山謂之陽土其祿在巳巳為爐冶之火煆煉成器叩之有聲其性剛猛難以觸犯喜陽火相生畏陰金盜氣陽火者丙火也丙生於寅寅屬艮艮為山山為剛土即戊土也賴丙火而生焉至於酉地酉屬兌金耗盜戊土之氣乃金盛土虛母衰子旺又金擊石碎豈能延壽故戊土生於寅而死於酉經云土虛則崩正此謂也又曰戊土深厚其象如城墻要生季月更求支下通根方能振河海而不洩若上下帶合則其形堅固無疎漏之虞身乘水木虛弱則其勢傾危而有崩頹之患如土失時大忌多金漏洩如城墻既就不可加木疎通喜行東南若原旺有印再行此地則火化生身反為過中之禍矣

己土繼戊之後方天之元氣地之真土清氣上升沖和天地濁氣下降聚生萬物謂之陰土天地人三才皆不可缺此土如乾坤中一媒妁陰陽失此豈能配偶故於四行無不在於四時則寄旺焉乃真土也喜丁火而生畏陽火而煉

三命通會　卷二

其祿到午午中丁火能生己土被乙木盜其栽培之氣至於酉地丁火而生丁火既生己土亦能生也至寅用事木火司權煆煉己土遂成磁石反失中和之氣豈不有損之理故己土生於酉而死於寅經云火燥土裂正此謂也又曰己土廣厚其象如田疇不貴多合生扶惟喜刑衝有用此固生物之體苟失令淺薄及天時不利不但難施鎡基之力亦不能埋劍戟之金倘再兼行金水旺處則身愈弱尤為不利如逢火土生成則稼穡有生生妙矣

庚金掌天地肅殺之權主人間兵革之變在天為風霜在地為金鐵謂之陽金其祿到申申乃剛金喜戊土而生畏癸水而溺長生於巳巳中戊土能生庚金乃陽生陽也巳為爐冶之火煆煉庚金遂成鐘鼎之器叩之有聲若遇水土沉埋則無聲也所謂金實無聲至於子地水旺之鄉金寒水冷子旺母衰亦遭沉溺之患豈能復生故庚金生於巳而死於子經云金沉水底正謂此也又曰庚金頑鈍得火制而成器成器之金遇火鄉而反壞夏生無根又行東南之地則鎔化不已而終無有成秋生無火更行西北之鄉則澄清淬砌而光芒自如若沉於水底則終無出用之期金反受傷於水至若用薄鐵而伐茂林非惟不能折木而反為木所傷設使土重藏金而無刑衝尅破則金終埋沒亦無望其有用也

辛金繼庚之後為五金之首八石之元在天為月月乃太陰之精在地為金金乃山石之礦謂之陰金其祿到酉酉中己土能生辛金乃陰生陰也謂之柔金為太陰之精至於中秋金水相停會合含光圓融皎潔邵子有云八月十五翫蟾光是也長生於子子乃坎水之垣坎中一陽屬金外有二陰屬土土能生金子隱母胎未顯其體得子水蕩漾淘去浮砂方能出色此乃水濟金輝色光明瑩至於巳地巳為爐冶之火將辛金煆成死器亦被巳中戊土埋沒其形不能變化豈得復生故辛金生於子而死於巳也經云土重金埋正謂此也又曰辛金濕潤非頑鈍堅剛之物使遇火炎煆煉性質反傷安能成其美用只宜水土資扶優柔浹洽以潤其體原火太繁喜行西北使去火而存金如金太寒亦要丙丁使和金而去冷若坐祿通根即身旺之地縱加厚土亦不能汩沒所以非陽金比也

壬水喜陽土而為堤岸之助畏陰木而為盜氣之憂在天為雲在地為澤謂之陽水其祿在亥亥為池沼存留之水謂之死水死水者剛水也賴庚金而生庚祿到申申能生壬水乃五行轉養之氣至於卯地卯乃花菓樹木木旺於卯則能尅土土虛則崩故堤岸崩頹而壬水走泄散漫四野流而不返又被陰木盜氣豈得存活故壬水生於申而死於

[illegible]

卯也。經云：死水橫流，正謂此也。又曰：壬水浩蕩，有源之水，併百川而漫天下，藉土為之隄防，若干支無土，必至漂流四溢，身衰多遇火土，反見耗源塞流之吝。且壬愛南行，以未午為胎養之地，則淥和煖之鄉，長生歸祿，莫過申亥，益統宗會元之府，而水得其所歸故也。若財多身弱，值此必能集福；身旺財輕，遇此反受其災，縱強壯少年，亦不能勝此也。

癸水繼壬之後，乃天干一週，陰陽之氣成於終而反於始之漸，故其為水，清濁以分，散諸四方，有潤下助土之功，滋生萬物之德，在天為雨露，在地為泉脈，謂之陰水。其祿到子，子乃陰極陽生之地，辛生庚死之垣，癸為活水，活水者，柔水也。喜陰金而生，畏陽金而滯，欲陰木行其根，則能疏通陰土，陰土既通，於地脈則能流暢。二月建卯，為花果樹木，木旺土虛，癸水方得通達，至於申地，三陰用事，否卦司權，天地不交，萬物不通，申中坤土，庚金遂成圍堰，使癸水不能流暢，困於池沼，無所施設，豈再生物。故癸水生於卯而死於申。經云：水不西流，正謂此也。又曰：癸水，雨露陰澤之潤也。若根通亥子，則盈科集流，以成江河，柱無坎坤，失其生旺之木，終為身弱局，有財官，難我所用之物，不可遇之太過，如申子辰全，則水歸聚一家，暗衝寅午戌火，為用反為上格。若明用寅午戌火，須表裏不弱，得之乃佳，或生於漯夏，得用財官，不失其倚之宮，主大富貴，運道再行西北，不為太過之嫌。

論曰：五行長生之理，與萬物亦同。且如日之初出時，光明可觀，至午離宮，光明愈甚。月之初出，巧若蛾眉，至望光明圓潔；若人之生也，自少至壯，自老至死，常理也。人之初生也，嬰孩啼笑而已，至壯賢愚方辨，萬物皆一同。甲木生亥，亥令屬水，甲木居焉；木旺於春，至寅臨官歸祿，甲木得垣；至午則死。丙火生寅，寅令屬木，丙火居焉；火旺於夏，至巳臨官歸祿，丙火得垣；至酉則死。庚金生巳，巳申戊土，庚金居焉；金旺於秋，至申臨官歸祿，庚金得垣；至子則死。壬水生申，申令屬金，壬水居焉；水旺於冬，至亥臨官歸祿，壬水得垣；至卯則死。戊土生於寅，寅中有火，戊土生焉，三陽之時，土膏以動，萬物發生，是戊生於寅也。土旺於四季，火土有如母子相生，所以戊隨丙臨官歸祿於巳，己隨丁臨官歸祿於午，戊土生於寅，己土生於酉，明矣。若以戊生申，己生卯，何不以壬戊歸祿於亥，癸己歸祿於子？後人妄作擬土歌，有戊己當絕在巳懷之句，以戊生申，酉沐浴，戌冠帶，陰陽間隔，謬戾甚矣。或曰：五行長生，有母而後有子，歸母成孕之說也。獨土一行，分體用，厚德載物，居中不用者，土之體也；散於四維，各旺四季，土之用也。體生於巳，乘父母之祿；用生於申，維父母之位。故水土生申，陰陽家之說；土生於巳，醫家之說。考五星書，申為陰陽宮，故水土俱生申，坤位水土，原不相離，而土隨水源之說，亦為有理，四行有一生，獨

土長生於寅，又生於申，一物而有兩生，以坤艮土之方，九紳屬西南，土至此而得朋，故曰利享壺中。子曰：坤之厚重積土成功，土生於此者然也。復言戊土生寅，寄祿於巳者，隨母得家之義也。是以土無正位，生物多方。又何疑矣。再考周視作陰陽之說，有云：乙木生於午，癸水生於卯，辛金生於子，丁火生於酉，以為陽死陰生，不知冬至即子水旺時，春分即乙木旺時，夏至即丁火旺時，秋分即辛金旺時，而坎離巽兌即子午卯酉之正位，位者時之定，在時者位之妙用，昌嘗逢生於死絕哉？或曰：果如所謂，則乙水何由生耶？假云在亥，亥中止有甲木，何由生耶？假云在卯，卯中止有乙。試辨以火土金水之例，曰：陰陽相為一體。孔子曰：太極生兩儀。周子曰：陽變陰合，而生水火木金土。朱子曰：萬物各具一太極。此三言者，皆五行之樞紐，即萬物各具一太極之說，則木之為物，亦具一太極者，可知矣。即太極生兩儀之說，則分甲乙，而甲為陽之動於先，乙為陰之靜於後，可知矣。即陽變陰合之說，則甲之為一變，而乙之為一合，然後能生木者，又可知矣。非謂甲是一木，而乙又別為一木也。夫甲乙相須而為一木，則甲固不必旺於卯，而卯自不能不為乙，以旺於後；乙亦不必生於亥，而亥自不能不為甲，以生乎其先。推而至於丙丁相須為火，戊己相須為土，庚辛相須為金，壬癸相須為水，豈不了了然哉。朱子曰：陰氣流行則為陽，陽氣凝聚則為陰，非真有二物相對也。蔡氏曰：東方寅卯木，辰土生於亥；南方巳午火，未土生於寅；西方申酉金，戌土生於巳；北方亥子水，丑土生於申。又曰：金木水火土各有一陰一陽，如甲便是木之陽，乙便是木之陰，乙以質言，甲以氣言。陰主翕，凡聚斂成就者，乙為之也；陽主闢，凡發暢暉散者，甲為之也。觀此亦見甲不必主，乙不必生之說矣。其言足以破前說之偏，而有合古人原論十干之義也。再考廣錄，甲是木之幹，乙是木之根，丙火之宿，丁火之光，戊土之剛，己土之柔，庚金之質，辛金之刃，壬水之源，癸水之流，是甲乙一木而分陰陽，非死木活木歧而二之也。既一木皆同死同生，故古人只有四大長生之說，今分陰陽為二，所以有陽死陰生、陽生陰死之辨。考陳摶甲木乙草，丙火丁灰，戊土己砂，庚金辛石，壬水癸泉之說，是亦分而為二也。若不分，則官煞食傷印綬梟神劫敗比肩，何以一物名而為二，而吉凶禍福迥不相同耶？看命者當以前說為是。

論地支

地支之用，不比天干動靜不同，方圓迥異，然五行所屬則一，而所處之地不一。且如在年則有在年之論，在月則有在月之論，在日時則有日時之論，其陰陽輕重剛柔，豈可泥於一體？今當以月提為主，所藏所用，要見何神，所耗所嫌，要

論地支

係何物。凡四柱之神。較量淺深而後用

子十二支之魁。溪澗江洋之水。乃戊土旺地。然必過大雪之期。一陽來復之後。方能成旺。辛金所生。亦必於陽回水煖而後能生也。與午相衝。與卯相刑。與申辰三合。若申子辰全會。起水局。即成江海發波濤之聲也

丑雖隆冬。有冰霜之可怯。但天時已轉二陽。是以丑中己土之煖。能生萬物。辛金養地。豈只深藏。見戌則刑。見未則衝。庫地最宜刑衝。不為無用。見巳酉三合。會起金局。若人之命生於丑月。而日與時多見水木。必側行巽離之地。而土方不衰耳

寅建於春。氣聚三陽。有丙火生焉。寅刑巳。巳合申。並旺。而為貴客。旺於卯。庫於未。同類。則為一家。至午則火光輝。而有超凡入聖之美。見申則寅受衝。而有破祿傷提之憂。若四柱火多。則又不可入南方火地。語云。木不南奔。是也

卯木仲春。氣禀繁華。雖用金水。不可太過。若干頭庚辛叠見。地支不可見申酉。恐有破伐之害。地支亥子重逢。干頭不可見癸壬。主有漂流之傷。見酉則衝。未必落葉。見亥未則合。木必成林。若時日歸於金重。大運更向西行。患不禁也

辰建季春。為水泥之濕。而萬物之根。皆賴此培養。甲至此雖衰。而有乙之餘氣。壬至此雖暮。而有癸之還魂。見戌為鑰。能開庫中之物。若三戌重衝破門。非吉。日時多見水木。其運更向西北。則辰土不能存矣

巳當初夏。其火增光。是六陽之極也。庚金寄生。因賴戊母。戊土歸祿。乃隨火孃。見申則刑。刑中有合。反為無害。見亥則衝。衝而必破。便為有傷。若運再行東南生發之地。便成燒天烈焰之勢矣

午月炎火。正升人中氣。則一陰生也。庚至此為無用。己至此為歸垣。見申子則必戰尅。見寅戌則越光明。運行東南。正是身強之地。若入西北。則休囚喪形矣

未當季夏。則陰深而火漸衰。未中有乙木有丁火。是藏官藏印不藏財也。無亥卯以會之。則形難變。只作火上論。無丑戌以刑衝之。則庫不開。難得官印力。柱中無火。怕行金水之運。日時多寒。偏愛丙丁之鄉。蓋用神之喜忌。最宜分曉。不可毫髮誤也

申宮水土長生之地。入巳午則逢火煉。遂成劍戟。見子辰則逢水淬。益得光鋒。使木多無火。金終能勝。若土重堆埋。金却有凶。蓋申乃頑鈍之金。與溫柔之珠玉不同故也

酉建八月。金色白。水流清。若遇日時火多。運更愁東去。若遇日時木旺。運亦怕南行。柱見水泥。應為有用。運行西北。豈是無情。然逢巳丑三合。亦能堅銳。宜可以陰金為溫柔珠玉而泥論哉

戌乃洪爐之庫。純鐵頑金。賴以煉成。見辰龍則衝出壬水。而雨露生焉。見寅虎則會起丙火。而文章出焉。然火命逢之。則為人墓。寧能免於不傷哉

亥地六陰。雨雪載塗。土至此而不煖。金至此而生寒。其象若五湖之歸聚。其用在三合之有心。是故欲識乾坤和煖之處。即從艮震巽離之地而尋之也。大抵五行用法。總無真實。生死衰旺。亦假名耳。直向源頭。明其出處。如五陽為剛。五陰為柔。若失令身衰。不遇資扶。而頻泄氣。則剛者失其為剛。若得令身強。用事有助。則柔者不失之柔。中間又分木火為陽。金水為陰。皆喜生扶資助。要以中和為貴

十干分配天文

甲木為雷。雷者陽氣之噓也。甲木屬陽。故取象於雷焉。稽諸月令。仲春之月。雷乃發聲。甲木旺。即其驗也。況雷奮於地。木生於地。其理又無不同者。邵子云。地逢雷處見天根。陽木之生。孰非天根之動為之乎。是甲木至申而遂絕。以雷聲至申而漸收也。凡命屬甲日。主喜值春天。或類象。或趨乾。或遙己。或拱貴。俱大吉運。不喜西方。經云。木在春生處世安然必壽

乙木為風。乙木長生在午。敗在巳。在午而生者。蓋乙為山林活木。至夏來而暢茂。詩所謂千章夏木青是也。其敗巳云何。巳乃巽地。巽為風。木盛風生也。風生於木。而反摧木。猶之火生於木。而反焚木。其取敗也固宜。所謂乙木為風者。木其所自生云爾。如人乙日建生者。在秋令大吉。秋令金旺。乙木能化能從。而盤根錯節。非利器無所裁成。逢亥必死。其落葉歸根之時耶

丙為日。說卦傳曰。離為火為日。日與火皆文明之象。是以丙火為日之名。不易焉。太陽朝出而夕入。陽火寅生而酉死。而又何異乎。萬騏真寶賦以丙日丑時。為日出地上之格。有旨哉。有旨哉。凡六丙生冬夏。不如春秋。春日有暄萬物之功。秋陽有爆萬物之用。冬則陰晦。夏則炎蒸。宜細推之

丁火為星。丙火死而丁火遂從生焉。在天之日薄。而星迴也。類如是。星象惟入夜故燦爛。陰火惟近晦故輝煌。丁不謂

丁火為星，丙火為日，[illegible]

[illegible]

甲木為雷，[illegible]雷霆[illegible]

十干分配天文

分木火為陽，金水為陰，[illegible]以中和為貴。

[illegible]

申宮水土長生之地，[illegible]

不可空發也。

戌以刑衝之，則庫門開，[illegible]

未當季夏，[illegible]

[illegible]

之星而何真寶賦云陰火時亥富貴悠悠解者以此為財官即云三奇亦可矣豈知亥在北方是為天門又星拱北之說乎凡丁日生人喜遇夜喜遇秋如星光之得時也又喜行身弱地如石裏所藏屬丁火石雖在水即時取擊亦自有火其丁兒一日多尅父兒妻子蓋財忌比劫兒屈第下己中有戊土傷官也

戊土為霞土無專氣仗火以生霞無定體借日以現知丙火之為日則知戊土之為霞矣是霞者日之餘也日盡而霞將滅沒火熄則上無生意故謂之霞也大撓氏演納音五行象以戊午為天上火意蓋如此如戊土日主愛四柱帶水則為土格霞水相映而成文彩也更喜年月干見癸癸則為雨雨後霞見而覩文明也

己土為雲己土生居酉酉兌方也其象為澤先正曰天降時雨山川出雲然則雲者出澤之氣也己雖屬土以此論之則其謂之雲也亦宜故甲己合而化土其氣上升而雲施雲雷交而作雨其澤下究而土潤此造化之至妙至妙者與人身主屬己土貴坐酉貴春生貴見甲坐亥者不可見乙木雲升天遇風則狼藉而不禁也

庚金為月庚乃西方陽金何以知其配月乎曰五行之有庚猶四時之有月也庚不待秋而涱生然必秋而始盛月不待秋而後有然必秋而益明以色言月固白也其色同矣以氣言金生水也潮應月也其氣同矣古甲子以庚為上章見其與日平明也經云金沉在子見其與月沉波也三日月見庚方見川初生與庚同位也故曰庚金為月如人庚日生者四柱有乙己字出謂之月白風清秋為上冬次之春夏無取

辛金為霜八月辛金建祿之地是月也天氣肅白露為霜草木黃落而變衰故五行陰木絕在此地若木經斧斤之斬伐未有能生焉者也斧斤以時入山林嚴霜以時殺草木揆之天道參之人事信乎辛金之為霜矣或曰霜常避日丙與辛合何也曰此亦相尅之理也火惟尅金故相合而水斯化霜惟避日故相遇而水以消亦為水也是之取耳

如辛人坐卯未透乙大富坐亥透丙則貴愛冬生

壬水為秋露春亦有露何獨擬之以秋蓋春露雨露既濡之露秋露霜露既降之露也露一也春主生秋主殺功用不同有如此然吾以壬為秋露也蓋露屬水而壬水生於申水本能生木者水能然在此而生木何由於此而絕故知壬之為露秋露也如壬日生秋見丁火最顯丁為星河壬為秋露一洗炎蒸象緯昭然矣

癸水為春霖癸水生卯月號曰春霖蓋陰木得雨而發生也然至申則死七八月多乾旱也且卯前一位是辰辰龍宮也卯近龍宮而水生龍一奮遂化為雨焉卯為雷門雷一震而龍必興焉觀此則癸水其春霖矣如癸卯日透出己字者有雲行雨施之象其人必有經濟才也春夏吉秋冬不吉詩曰癸日生逢己己鄉然星須要木來降雖然名利升高顯爭奈平生壽不長

十二支分配地理

子為墨池子在正北方屬水色象墨故有墨池之象凡命逢子年生者時喜見癸亥謂之水歸大海又謂之雙魚遊墨必為文章士矣

午為烽堠午正位於南屬火土其色赤黃名之曰烽堠者此也又午為馬烽堠乃戎馬兵火之處所也午生人時利見辰真龍出則凡馬空矣謂之馬化龍駒

卯為瓊林卯係乙木居位正東於時為仲春萬物生焉色若琅玕之青故曰瓊林卯年遇己未時者是為兔入月宮之象主大貴

酉為寺鐘酉屬金位近戌亥戌亥者天門也鐘金屬也寺鐘敲則聲徹天門又酉居正西寺則西方碑界也酉見寅吉謂之寺鐘鳴而谷應

寅為廣谷寅乃艮方艮為山戊土長生於是而廣谷之義著矣然寅宮有虎寅生人而時戊辰者謂之虎嘯而谷風生威震萬里

申為名都坤為地其體無疆非名都不足以喻之申坤也都者帝王所居申宮壬水生又與艮山對是水遶山環也凡命愛申年亥時乃天地之交泰

巳為大驛大驛者人烟湊集道路通達之地巳中有丙火戊土是其象也又巳前有午馬故曰大驛巳生喜得辰時蛇化青龍於格為千里龍駒

亥為懸河天河之水奔流不回故曰懸河亥即天門又屬水非有懸河之象乎亥年建生日時見寅辰二字是乃水拱雷門

辰為草澤左傳曰深山大澤龍蛇生焉夫澤水所鍾也辰在東方之次為水庫故為草澤辰逢壬戌癸亥即謂之龍

歸大海格。

戌為燒原。戌月在九秋。草木盡萎。田家焚燒而耕。又戌屬土。是以名稱燒原。故戌與辰地。皆貴人所不臨也。戌生逢卯。號曰春入燒痕。

丑為柳岸。丑中有水有土有金。岸者土也。所以止水也。故謂柳岸。詩曰柳色黃金嫩是也。丑人時見己未。乃月照柳稍。極為上格。

未為花園。花園屬之未。不屬之卯。何也。卯乃木旺。自成林麓。未乃木庫。如人築墻垣以護百花也。以百花言。未中有雜氣耳。未年入雙飛格最妙。如辛未見戊戌兩干不雜是也。

或問十干之所取象有自其配合言之。有自其生剋言之。又有自其方位。自其時令。自其始終言之不同。何也。曰予各舉其一隅而為言也。善學者類而推之。則十干各有消息盈虛之機。各有聲應氣求之妙矣。斯道也。造化自然之道。豈予一人之私言哉。又曰十二支。辰戌丑未居四隅。乃對待之體。所謂支屬地。地能靜而不能動也。戊己居中央。乃流行之用。所謂干為天。天能動而不能靜也。故地支四土。非加益也。以其有專氣耳。天干二土。非加損也。以其無定位耳。使干支無分數之差。何以成變化而行鬼神乎。夫天元之數有十。子既分配以天支。而地元之數十有二。子又分配以地理。然則所謂牽強與殆非也。昔者聖人作易。於八卦之象。遠取諸物。近取諸身。重複明之。而有所不置。干支之理。一易書之理也。術家者流。語數而違聖者多矣。予故表而出之。賦云論用神。論日主。各有所宜。取地脉。取天元。是或一道。蓋必兼此妙焉。然後為至也。不然。是亦一得之愚而已。又天元之分配。循其序。地支則舉其四生四敗四庫之位而錯綜之者。亦有見也。學者合前說而觀之。思過半矣

醉醒子曰。大哉干支。生物之始。本乎天地。萬物宗焉。有陰陽變化之機。時候淺深之用。故金木水火土。無主形。生剋制化。理取不一。假如死木偏宜活水長濡。譬若頑金最喜洪爐久煉。太陽火忌林木為讐。梁棟材。求斧斤為友。火隔水不能鎔金。金沉水豈能剋木。活木忌理根之鐵。死金嫌蓋頂之泥。甲乙欲成一塊。須知穿鑿之功。壬癸能達五湖。蓋有併流之性。樗木不禁利斧。珍珠最怕明爐。弱柳喬松。時分衰旺。寸金丈鐵。氣用剛柔。龍頭之土少木難疏。爐內之金濕泥反蔽。雨露安滋朽木。城墻不產珍金。劍戟功成。遇火鄉而反壞。城墻積就。至木地而愁傾。癸丙春生。不雨不晴之象。乙丁冬產。非寒非煖之天。極鋒抱水之金。最鈍雜爐之鐵。甲乙遇金強。魂歸西兌。庚辛逢火旺。氣散南離。土燥火炎。金無所賴。木浮水泛。火不能生。九夏鎔金。安制堅剛之木。三冬濕土。難隄泛濫之波。輕塵撮土。終非活木之基。礙鐵銷金。豈是滋流之本。木盛能令金自缺。土虛反被水相欺。火無木則終其光。木無火則晦其質。乙木秋生。拉朽摧枯之易也。庚金冬死。沉沙墜海豈難乎。凝霜之草。奚用逢金。出土之金。不能勝木。火未焰而先烟。水既往而猶濕。大抵水寒不流。木寒不發。土寒不生。火寒不烈。金寒不鎔。皆非天地之正氣也。然萬物初生未成。成久則滅。其超凡入聖之機。脫死回生之妙。不象而成。不形而化。固用不如固本。花繁豈若根深。且如北金戀水而沉形。南木飛灰而脫體。東水旺木以枯源。西土實金而虛己。火烟土晦。皆太過。五行貴在中和理。求之求之勿苟言。掏盡寒潭須見底

論地支屬相

或問地支有屬相而天干則無者。何也。答曰。天干動而無相。地支靜而有相。蓋輕清者天也。重濁者地也。重濁之中。乃有物焉。故子屬鼠。丑屬牛。寅屬虎。卯屬兔。辰屬龍。巳屬蛇。午屬馬。未屬羊。申屬猴。酉屬雞。戌屬犬。亥屬猪。此十二屬相亦有奇偶之分。盛衰之用。奇者鼠虎龍馬猴犬。一則屬陽。六獸之足皆單。偶者牛兔蛇羊雞猪。二則屬陰。六獸之足皆雙。惟蛇無足。又何取義。蓋巳在月。乃純陽之月。在時乃純陽之時。數則偶而時則陽。故用蛇以象之。蛇乃陰物。不用其足。而象已著。疑亦諱言乎陰之意爾。況亦有雙頭者可驗。十二相即三十六禽中。取其首者擬之。自有陰陽之別。單雙之分。此造化之所以為妙也。或問十二屬相各有所缺者何也。答曰。天傾西北。地不滿東南。天地尚缺。獸體豈全。故鼠少光。夜出。牛無牙。唇吻。虎無項。和身而轉。兔缺唇。無雄。龍虧耳。角聽。蛇無足。快行。馬怯膽。常立不眠。羊無瞳。死不閉目。猴無脾。喜食果物。雞無腎。淫而無節。犬無胃。食穢善呼。猪無筋。常眠少立。此係陰陽不備之意。亦與造化相應。惟人獨會其全。此其所以貴也。王充論衡曰。五行之氣相賊害。含血之蟲相勝服。寅木也。其禽虎。戌土也。其禽犬。丑未亦土也。丑禽牛。未禽羊。木勝土。故犬與牛羊為虎所服。亥水也。其禽豕。巳火也。其禽蛇。子亦水也。其禽鼠。午亦火也。其禽馬。水勝火。故豕食蛇。火為水所害。故馬食鼠屎而腹脹。然亦有不相勝者。午馬也。子鼠也。酉雞也。卯兔也。水勝火。鼠何不逐馬。金勝木。雞何不啄兔。亥豕也。未羊也。丑牛也。土勝水。牛羊何不殺豕。巳蛇也。申猴也。火勝金。蛇何不食獼猴。獼猴畏鼠者也。齧獼猴者犬也。鼠水。獼猴金也。水不勝金。獼猴何故畏鼠。戌土也。申猴也。土不勝金。猴何故畏犬。十二辰之禽。

以氣性相克則尤不相應大凡含血之蟲相服至於相啖食者以齒牙鈍利筋力優劣自相勝服也

論人元司事

夫一氣渾淪形質未離孰為陰陽太始既肇裂一為三條忽乃分天得之而輕清為陽地得之而重濁為陰人位乎天地之中稟陰陽中和之氣故此輕清者為十干主祿謂之天元重濁者為十二支主身謂之地元天地各正其位成才於兩間者乃所謂人也故支中所藏者主命謂之人元名為司事之神以命術言支為月令用神經云用神不可損傷日主最宜健旺是也如正月建寅寅中有艮土用事五日丙火長生五日甲木二十日二月建卯卯中有甲木用事七日乙木二十三日三月建辰辰中有乙木用事七日壬水墓庫五日戊土一十八日四月建巳巳中有戊土七日庚金長生五日丙火一十八日五月建午午中丙火用事七日丁火二十三日六月建未未中有丁火用事七日甲木墓庫五日己土一十八日七月建申申中有坤土用事五日壬水長生五日庚金二十日八月建酉酉中有庚金用事七日辛金二十三日九月建戌戌中有辛金用事七日丙火墓庫五日戊土一十八日十月建亥亥中有戊土五日甲木長生五日壬水用事二十日十一月建子子中有壬水用事七日癸水二十三日十二月建丑丑中有癸水用事七日庚金墓庫五日己土一十八日此十二支按十二月各藏五行為人元以配四時則春煖秋涼冬寒夏熱如環無端終而復始歲功畢而成一年再考五井則以甲丙庚壬各三十五日乙丁辛癸各三十五日戊己各有五十日共計三百六十日

正月寅立春雨水己十七日丙火五日甲木十八日	二月卯驚蟄春分乙十八日甲九日癸三日
三月辰清明穀雨戊十八日乙九日癸三日	四月巳立夏小滿丙十八日戊七日庚五日
五月午芒種夏至丁十八日丙九日乙三日	六月未小暑大暑己十八日乙五日丁七日
七月申立秋處暑庚十七日己七日戊三日壬三日	八月酉白露秋分辛二十日庚七日丁三日
九月戌寒露霜降戊十八日辛七日丁五日	十月亥立冬小雪壬十八日甲五日戊七日
十一月子大雪冬至癸十八日壬五日辛三日	十二月丑小寒大寒己十八日癸七日辛五日

醉醒子曰時行物生天道之常一歲之中雖有進退四時之內本無輕重故以金木水火分旺四時各得七十二日土旺四季各有十八日其三百六十日乃成歲焉立春之後則用陽木三十六日艮土分野丙戊長生驚蟄後六日則用陰木三十六日癸水寄生清明後十二日則用戊土十八日陽水歸庫陰水返魂夏秋冬亦如此淵源淵海則以立春之後己土餘氣幾日艮土分野幾日丙戊長生先後各得幾日卯月癸水寄生幾日辰月陽水歸庫陰水返魂亦各幾日殊不思丑月之用既足春後又何餘哉分野者聚一方之旺氣長生者歸母成孕先後者蓋有寅而後生丙有丙而後戊生寄生者徒有虛名乃無實位歸庫者絕其生氣而收藏返魂者續其死氣而變化此五行生死進退之玄機豈可以幾日為限哉且春之用水秋之用金固一定之理也若雜揉寓處之神古用幾日則本宮主氣之數未嘗不缺而虧矣則何以見春木夏火一氣流行各旺七十二日之數耶以四季配五行之用乃主有納容之數客無勝主之理但壬氣之司權自有初中末三氣之淺深用之者物宜較量輕重言耳又豈可以三五七日為限哉其說足以破淵源之誤又支中所藏止月而論年日時不論人命重提綱厥有旨哉

論四時節氣

立節中氣其春秋有分而不言至夏冬有至而不言分及夫雨水驚蟄以降二十四氣分屬有名亦必有所以為名者何言乎四立者四時之節氣也丑之終寅之始則為節月之半則為中二分者陰陽相半之謂也二至者至有二義乎至巳為六陽午至亥為六陰至者介乎巳午亥子之間也冬至亥陰極故曰子子者止也陽於此生故亦曰至夏至巳陽極故曰午午者忤也陰於此生故亦曰至自秋分水始涸立冬水始冰冬至水泉動大寒水澤腹堅為金之雨水者先是為露為霜為雪皆水氣凝結以至於寒之極春則天氣順行而又為氣之始也況天一生水人物之生皆始於水春屬木木生於水立春後繼以雨水宜也卦氣正月為泰天氣下降當為雨水二月大壯雷在天上當為驚蟄先雨水而後驚蟄亦宜也驚蟄者萬物出乎震震為雷也清明者萬物齊乎巽巽為風也巽潔齊而曰清明清明乃潔齊之義穀雨三月中自雨水後土膏脉動至此又雨則土脉生物所以滋五穀之種也小滿四月中先儒云小雪後陽一日生一分積三十日生三十分而成一畫為冬至小滿後陰生亦然夫四月乾之終謂之滿者姤初六羸豕孚蹢躅坤初六履霜堅冰至羸豕喻其小蹢躅喻其滿履霜喻其小堅冰喻其滿易言於一陰既生之後歷言於一陰方萌之初慮之深防之預也小雪後有大雪此但有小滿無大滿意可知矣至若三月中穀雨五月中芒種此二氣獨指穀麥言穀必

原其生之始設種於春得木之氣殘於秋金尅木也麥必要其成之終麥種於秋得金之氣成於夏火尅金也六月節小暑六月中大暑夏至後暑已盛不當又謂之小殊不知易曰寒往則暑來暑往則寒來寒暑相推而歲成焉通上半年之半皆可謂暑通下半年之半皆可謂寒正月暑之始十二月寒之終而曰大暑小暑者不過上半年之辭耳六月中暑之極故謂大然則未至於大則猶為小也七月中處暑七月暑之終寒之始大火西流暑氣於是乎處矣處者隱也藏伏之義也白露八月節寒露九月節秋本屬金金色白金氣寒白者露之色寒者露之氣先白而氣始寒固有漸也九月中霜降露寒始結為霜也立冬後曰小雪大雪寒氣始於露中於霜終於雪霜之前為露露由白而始寒霜之後為雪雪由外而至大皆有漸也至小寒大寒豳風云一之日觱發二之日栗烈觱發風寒故十一月之餘為小寒栗烈氣寒故十一月之終為大寒也大抵合而言之上半年主長生曰雨曰雷曰風皆生之氣下半年主生成曰露曰霜曰雪皆成之氣下半年言天時不言農時農時莫急於春夏也先儒云變者化之漸化者變之成立春雨水後寒氣漸變至立夏則寒盡化為水矣然曰小暑大暑其化固有漸也立秋處暑後暑氣漸變至立冬則暑氣盡化為寒矣然曰小寒大寒其化亦有漸也又曰日月運行而四時成以其有常也故聖人立法以步之陰陽相錯而萬物生以其無窮也故聖人指物以候之貫六氣終始早晏五運大小盈虛原之以至理考之以至數而垂示萬古無有差忒也經曰五日謂之候三候謂之氣六氣謂之時四時謂之歲又曰日為陽月為陰行有分紀周有道里日行一度月行十三度而有奇焉故大小月三百六十五日而成歲積氣餘而盈閏矣經云日常於晝夜行天之一度則一日也共三百六十五日四分之一而周天度乃成一歲常五日一候應之故三候成一氣即十五日也三氣成一節節謂立春春分立夏夏至立秋秋分立冬冬至此四節也三八二十四氣而分主四時一歲成矣春秋言分者以六氣言之則二月半初氣終而交二之氣八月半四氣盡而交五之氣若以四時之分言之則陰陽寒暄之氣到此可分之時也晝夜分五十刻亦陰陽之中分也故經曰分則氣異此之謂也冬夏言至者以六氣言之則五月半司天之氣至其所在十一月半在泉之氣至其所在以四時之令言之則陰陽至此極至之時也夏至日長不過六十刻陽至此而極冬至日短不過四十刻陰至此而極皆天候之未變故經曰至則氣同此之謂也天自西而東轉其日月五星循天從東而西轉故白虎通曰天左旋日月五星右行日月五星在天為陰故右行猶臣對君也日則晝夜行天之一度月則晝夜行天之十三度有奇者謂復行一度之中作十九分分之得七大率月行疾速終以二十七日月行一周天是將十三度及十九分之七數總之則二十九日計行天三百八十七度有奇計月行疾之數比日行遲之數則二十九日日方行天二十九度月已先行一周天三百六十五度小又行天之二十二度反少七度而不及日也陰陽家說謂日月之行自有前後遲速不等固無常準則有大小月盡之異也本三百六十五日四分度之一即二十五刻當為一歲自除歲外之餘則有三百六十日又除小月所少之日六日止有三百五十四日而成一歲通少十一日二十五刻乃盈閏為十二月之制則有立首之氣氣乃三候之至月半示斗建之方乃十二辰之方也閏月之紀則無立氣建方皆他氣但依歷以八節見之推其所餘乃成閏天度畢矣故經曰立端於始表正於中推餘於終此之謂也觀天之杳冥豈復有度乎乃日月行一日之處指二十八宿為證而記之曰度故經曰星辰者所以制日月之行也制謂度也天亦無候以風雨霜露草木之類應斯可驗而測之曰候言候之日亦五運之氣相生而接之即五日也如環之無端周而復始書曰期三百六旬有六日以閏月定四時成歲即其義也

論日刻

夫日一晝一夜十二時當均分於一日故上智設銅壺貯水漏下壺箭箭分百刻以度之雖日月晦明終不能逃是一日之中有百刻之候也夫六氣通主一歲則一氣主六十日八十七刻半乃知交氣之時有早晏也冬夏日有長短之異則晝夜互相推移而日出入時刻不同然終於百刻矣其氣交之刻則不能移也甲子之歲初之氣始於漏水下一刻終於八十七刻半子正之中也二之氣復始於八十七刻六分終於七十五刻戌正四刻也三之氣復始於七十六刻終於六十二刻半酉正之中也四之氣復始於六十二刻六分終於五十一刻未正四刻也五之氣復始於五十一刻終於三十七刻半午正之中也六之氣復始於三十七刻六分終於二十五刻辰正四刻也此之謂周天之歲度餘刻交入乙丑歲之初氣矣如此而轉至戊辰年初之氣復始於漏水下一刻則四歲而一小周也故申子辰氣會同者此也己酉丑初之氣俱起於二十六刻寅午戌初之氣俱起於五十一刻亥卯未初之氣俱起於七十六刻氣皆起於同刻故謂之三合義由此也以十五小周為一大周則六十年也三軍一覽以申為水之生子為水之旺辰為水之庫故甲子辰三合而不知氣起於同刻乃天道自然之妙耳

故甲子乘三合而不知無時之同穀乃天道自然之妙耳同類故謂之三合然由此也以十五小周為一大周則六十年也三統一周以申為水之生子為水之旺辰為水之庫此也。己酉丑亥卯未之氣運與乾象三十六刻。寅午戌亦五十一刻。亥卯未之氣與巳酉丑各十六刻。寅午戌各占刻。交入乙丑之初亥卯未之氣為二十一刻則四時之一小周也故申子辰之氣會同者刻時交為三十七刻半子丑之中也六之氣復始於三十六分終於三十五刻寅卯辰四刻也此之謂天地之數一刻終於六十二刻半酉正之中也四之氣復始於六十二刻六分終於五十一刻未正四刻也五之氣復始於五十一刻終於八十七刻半子正之中也三之氣復始於八十七刻六分終於七十五刻亥初四刻也三之氣復始於七十六果同晝夜互相推移而日出入時刻不同然時有百刻之數真實天之變可見若上者變為不靜也交陰陽之氣終始且之中有百刻之數也天六氣運至一歲則一周天六十日八十七刻半乃知交氣之時有早晏也三氣之終數矣日一晝一夜十二時當以分分一日數上晝夜百刻為常以其夜之與日月相推明之將不足之度一

論日刻

期三百有六旬有六日以閏月定四時成歲即其義也

日本五運之氣相推而迭至即五日也會日朔三百六十之氣節與前所謂可約而測之日候之日積以後五日為一候積三候而成一氣故六氣為一時四時而成一歲其數皆一日之所積也是以積日而成月積月而成歲日有十二時一時八刻之說以推步之法也積一日二十五刻則為四分日之一積四日則為一日故曰四分日之一也三百六十五日四分日之一而周天之度乃成一歲是以立閏也閏有大小之分則三百六十五日有奇而後立閏以正四時之氣也一周天三百六十五度四分度之一日行一度月行十三度十九分度之七日行遲月行速日一歲而一周天月一月而一周天是以日月之行有遲速之數則二十九日有奇而日月一會大率日行一周天月則行十三周天又十九分度之七而為一歲

日大主東日月五星右行日月五星在天為緯故右行隨四時消息晝夜則晝夜行天之一周又過一度月則晝夜行十三度有奇故至此而極至天度之數積盈則歲同此之謂也天合西而東隨其日月五星在天而西轉故行不過一周天之度至其所會以四時之合言之則陰陽五行至此而極盡陽至其極晝行六十刻陰至其極晝不過四十刻夜亦以陽言之中分也故寒日分則夏以陽至至晝夜之中至晝長夜短至於冬至夜長晝短而不過六十刻亦而交二氣八月半四月盡日夜各五十刻陽分言之陰陰之為氣陽分之為晝夜至此則可分晝夜之數陰陽一至正陰分陰陽分至交故至此四時陰陽分立冬四時日四分之一而周天之度乃成一歲故三百六十五日有奇故大小月三百六十五日而成歲積其氣盈而閏日謂之候三候謂之氣六氣謂之時四時謂之歲而歲也故聖人指其物以紀候之事以象其四時之氣候小寒大寒其立春雨水驚蟄春分清明穀雨立夏小滿芒種夏至小暑大暑立秋處暑白露秋分寒露霜降立冬小雪大雪冬至謂之二十四氣以十五日為一氣一氣之中分為三候五日為一候故一歲七十二候也冬至者陰極而陽始至日南至晝短夜長也大寒者寒之極也立春者春之始也雨水者東風解凍冰散而為雨也驚蟄者蟄蟲振起也春分者陰陽相半也清明者物生清淨明潔也穀雨者雨生百穀也立夏者夏之始也小滿者物長於此小得盈滿也芒種者有芒之穀可種也夏至者陽極而陰始至日北至晝長夜短也小暑大暑者暑之小大也立秋者秋之始也處暑者暑將退伏而潛處也白露者陰氣漸重露凝而白也秋分者陰陽相半也寒露者露氣寒冷將凝結也霜降者氣肅而霜降也立冬者冬之始也小雪大雪者雪之小大也此二十四氣之名義也其本也故以寒暑往來而成歲六月陽

間厥時難定除初初正四刻餘六刻之間或陰晴倏忽寒煖迥別人之生時果得其當也耶余姑就授時歷分之要在智者審察而詳問之庶無悞矣

論太陽躔次太陰納甲及出入會合

陳摶曰日陽中之陽人君之象也其德至剛其體至健其行天所以分晝夜別寒暑一日一周天而在天為不及一度一歲之積恰與天會故日有三道中道者黃道也北至東井去極近南至牽牛去極遠東至角西至婁去極中通中道南道北道為三道也蓋極南至於牽牛則為冬至晝四十刻夜六十刻極北至於東井則為夏至晝六十刻夜四十刻南北極中則為春秋分晝夜各五十刻凡行天之分　正月雨水中氣後二日躔亥娵訾之次其應甲庚丙壬　二月春分中氣後二日躔戌降婁之次其應艮巽乾坤　三月穀雨中氣後五日躔酉大梁之次其應乙辛丁癸　四月小滿中氣後六日躔申實沈之次其應甲庚丙壬　五月夏至中氣後五日躔未鶉首之次其應坤乾巽艮　六月大暑中氣後四日躔鶉火之次其應乙辛丁癸　七月處暑中氣後五日躔巳鶉首之次其應甲庚丙壬　八月秋分中氣後八日躔辰壽星之次其應巽艮坤乾　九月霜降中氣後九日躔卯大火之次其應乙辛丁癸　十月小雪中氣後七日躔寅析木之次其應甲庚丙壬　十一月冬至中氣後四日躔丑星紀之次其應艮巽坤乾　十二月大寒中氣後六日躔子玄枵之次其應癸乙丁辛　月陽中之陰后妃之象也其德至柔而其體至順其行天所以佐理太陽驗之夜景以為消息月本無光麗日而有明以不明之體言之則純陰而象坤晦朔之時也越三十日不及日三十七度强而哉生明始資日之明而有光因謂之朏陽之初生也昏見於庚震三之象也越八日不及日九十八度强而資日之半明因謂之弦乃陽將半也昏見於丁兌一之象也越十五日不及日一百八十二度半强與對望資日之全明而大圓因謂之望言三陽具備也昏見於甲乾三之象也又三日不及日二百一十九度强而哉生魄與日之望偏而陰魄始生因謂之魄謂陰復萌也晨見於辛巽三之象也又五日不及日之二百八十一度强而半晦半資日之明因謂之下弦謂月生之半也晨見於丙艮三之象也又六日與日之四百九十分强則不及盡三百六十五度四分之一而與日交會日之明全不能相資復晦而不明因謂之晦盡没於乙坤三之象也其行天之度一日之行得三百度十九分度之七在天為不及二十度十九分度之七在日為不及十三度十九分度之七積二十九日九百四十分日之四百九十九而與日會於辰次之所以為一歲十二會得三百五十四日九百四十分日之三百四十分而與天會是為一歲也故月有九行九行者乃黑道二立冬冬至出黃道北赤道二立夏夏至出黃道南白道二立秋秋分出黃道西青道二立春春分出黃道東并黃道共為九行也故立春春分從青道分在甲度立秋秋分從白道分在庚度立冬冬至從黑道分在壬度立夏夏至從赤道分在丙度其日月會合之辰三合所照之方是為天德月德之星故三月建辰其三合申子辰日月會於酉出於庚入垣於壬故天德月德在壬六月建未其三合亥卯未日月會於午出於丙入垣於甲故天德月德在甲九月建戌其三合寅午戌日月會於卯出於甲入垣於丙故天德月德在丙十二月建丑其三合巳酉丑日月會於子出於壬入垣於庚故天德月德在庚蓋子午日月之終始卯酉日月之門戶出沒故其分多而有太陰太陽也凡人命遇日躔之次四大吉時及天月二德生謂之聚一月德秀多貴顯仁慈再納甲卦氣則富貴悠悠與日月同體矣余又疑納甲之說易不言及而參同契言之術數之家據以為妙理不思月之本體未有虧缺以其受明有時故名而其圓者未嘗不在也若納甲於卦其八卦分有陰陽連斷一定不易惡可與之相配以月昏見於庚為震之象見於丁為兌之象也耶坎離二卦中實中虛驗之太陰則不類乃以戊己納焉未免穿鑿考青囊經甲乙壬癸隸於陽而陽中四枝繫焉庚丙丁辛隸於陰而陰中四枝配焉陳摶註云此言納干配支之法聖人所以入用之道也乾陽體也居於九宮卦陽而數奇也甲得天三之陽天干陽首乾稱乎父故父干於甲坤陰體也居於一宮卦陰而數偶也乙得地八之陰天干陰首坤稱乎母故納干於乙此乾坤父母納干於東以東者物生之地也故乾坤秉其權焉艮陽攝也居於六宮卦陽而數奇也丙得天七之陽艮為少男故納干於丙此坤卦之一變也兌陰攝也居於四宮卦陰而數偶也丁得地二之陰兌為少女故納干於丁此乾卦之一變也故少男少女納干於南以南者物化之地也故艮兌司其化焉震陽長也居於八宮卦陽而數偶也庚得天九之陽震為長男故納干於庚此乾卦之再變也巽陰長也居於二宮卦陰而數偶也辛得地四之陰巽為長女故納干於辛此坤卦之再變也故長男長女納干於西以西者物成之地也故震巽專其令焉離陰用也居於三宮卦陰而數奇也壬得天一之陽離為中女故納干於壬此乾卦之四變也坎陽用也居於七宮卦陽而數奇也癸得地六之陰坎為中男故納干於癸此坤卦之四變也故中男中女納干於北以北者物藏之地也故坎離司其任焉戊己得天五地十之成數為天地之中氣故中處而尊居皇極無可配

干於北以北者陰陽之終也故坎離日月其體有定乙癸天五地十之數取中爲正故中宮居皇極四象也六畫相錯也居於上者言其象卦者六十也故中男長子坎與乾也六之卦以四變也故中爲而成六十卦之中也故陰陽之數居於二宮卦陰陽相錯之數也主六子之坎離居於中女故乾坤以居三宮卦陰陽而數偶也丁辛之居於中也故兌巽之象也居於八宮卦陰陽而數奇也故兌納丁巽納辛此乾坤之一變也故天干之陽居於六宮卦陽而數也故乾納甲壬坤納乙癸此乾坤之二變也陰陽相錯而成象數陽始於甲陰始於乙天干之陽居於九宮卦而數者也故乾坤納甲乙之陰陽也而數四陽而四陰相錯者也故天干陰陽之數居於四宮卦陽而數陰也以坤乙之象居於陰也乾坤之象陰陽之數也中實中虛一陰一陽則不偏不倚以成己之象也明有所故名而其圖者未嘗在也若納甲於卦其八卦分有陰陽進退一定不易而與天地日月同體參合交錯之說易不言之而參同契言之所載坎離以爲用不可以爲體也大抵天德也凡入命遇日躔之次四大吉時及天月二德與月德合並貴人吉神則福也乙酉丁日月會於午也故合主入垣於庚故天德月德在庚三合寅午戌日甲故天德月德在甲九月建戌其三合寅午戌日月會於卯出於申入垣於丙故天德月德在丙三合申子辰日月會於酉出於寅入垣於壬故天德月德在壬六月建未其三合亥卯未日從巽道出於赤道東在酉度其日月會合之辰三合所臨之方是爲天德黃道正春分出黃道東卅度行九行入赤道分度是爲月德九行黃道北赤道二立秋黃道分出黃道西入赤道南二立冬出黃道南交赤道二立夏出黃道中故歲十二會日行三百六十五度四分度之一九月與日會於亥以爲一歲十二會得三百五十四日九百四十分日之三百四十八

度又七度太爲大火之次又二十度十九分度之七太積二十九日九百四十分日之四百九十九日交會日之明全不能相掩月之明陰也陽全而陰不明謂之晦晦者明盡也至於乙坤三之象也其行天又一度十九分度之七而與日會爲一月故謂之合朔也朔者始也陰陽交會謂之朔日月相望謂之望望者日月相對也陽生於乙象成於巽三陽具備也此三之象也又三日生明謂之三日月生明甲之象也三陽之數也而日月之明始會陽而陰生乾象也退陰生於辛陽消於丁十五日月盈於甲乾之象也又八日上弦日明半而明生也故曰陰陽半而月明之陽始而生也陽長陰消望日月相對陽盈於甲月明日之明而有以明也而謂之陰也而消息月本無光借日之光以爲光故月明之象坤三之象也又八日陽之次有其實也故陰陽之數有八日下弦坤乙之象也而消息之始也故丁辛月之明以八日爲一節也八日下弦陰之始也又八日晦陽之極也其陰陽消長之次其數八也故陰陽之象也又六日坤乙之象其晦日月會於辛也故曰乾甲坤乙之次其應在巽辛丙丁故曰月之次十一月大寒中合在子後四日日躔牛宿二度五日立春中合在寅後八日日躔虛宿二度十一月上元日躔所入次其應甲庚丙壬上後八日日躔危宿五度之次其應乾坤九月霜降中氣後五日日躔亢宿十度之次其應乙辛丁癸三月穀雨中氣後五日日躔胃宿二度次其應艮巽坤乾八月秋分中氣後四日日躔軫宿二度之次其應甲庚丙壬中氣後四日日躔星宿一度之次其應乾坤艮巽五月夏至中氣後五日日躔井宿之次其應甲庚丙壬後六日日躔壁宿之次其應乙辛丁癸四月小滿中氣後二日日躔昴宿之次其應艮巽坤乾正月雨水中氣後二日日躔室宿之次其應乙辛丁癸正月雨水中氣後二日日躔室宿凡行天之分春分中則日行赤道度以爲節極星在子北坎中則日行赤道北至南極夏至晝四十刻夜六十刻南至正道行赤道南北極之中晝四十刻夜六十刻一歲之積合與天會故日有三道中道者黃道也赤道者赤道也一東至南至東西至東其體行天所以分晝夜則畫夜一日一周天而每歲不及一度

論太陽躔次入會合

昔者聖人窮天究地原陰陽之奧賾而定四時之序以成歲時辨其吉凶所以別陰陽之數又定其晝夜刻數四刻又十二分刻之八以爲天地陰陽消長之理所以開物成務天之所以運而日月星辰所以行也

納化成於四氣之理而致養於坤以坤質土也火金之交也故附麗焉蓋其陰陽以數相從孤旺以卦而定至若地支十有二辰納卦之法則四行分配而附麗於四正之宮坎以水體申子辰水之垣也故納坎從水離以火體寅午戌火之垣也故納離從火兌以金體巳酉丑金之垣也故納兌從金震以木體亥卯未木之垣也故納震從木此陽支從陽干陰支從陰干也於是五氣生成八卦翕合聖人者因其至理而消息之以為妙用使天陽地陰一闢一闔一造一化生成無方其幾微矣丹經歷術納甲之說無出老子載營魄抱一能無離乎一章其以日月言者謂日以其光加於月魄而為之明如人登車而載於其上也月未望而載魄於西既望則終魄於東其遡於日乎言月之方生則以日之光加被於魄之西而漸滿其東以至於望而後圓及既望矣則以日之光終守其魄之東而漸虧其西以至於晦而後盡蓋月遡日以為明未望則日在其右既望則日在其左故各自其所在而受光以卦納之似非實論

論五行旺相休囚死並寄生十二宮

盛德乘時曰旺如春木旺旺則生火火乃木之子子承父業故火相木用水生生我者父母今子嗣得時登高明顯赫之地而生我者當知退矣故水休休者美之無極體然無事之義火能尅金金乃木之鬼被火尅制不能施設故金囚火能生土土為木之財財為隱藏之物草木發生土散氣塵所以春木尅土則死夏火旺火生土則土相木生火則木休水尅火則水囚火尅金則金死六月土旺土生金則金相火生土則火休木尅土則木囚土尅水則水死秋金旺金生水則水相土生金則土休火尅金則火囚金尅木則木死冬水旺水生木則木相金生水則金休土尅水則土囚水尅火則火死觀夏月大旱金石流水土焦六月暑氣增寒氣減秋月金勝草木黃落冬月大寒太冷水結冰凝火氣頓減其旺其死概可見矣蓋四時之序節滿即謝五行之性功成必覆故陽極而降陰極而升日升則盈月盈則虧此天之常道也人生天地勢積必損財聚必散年少反衰樂極反悲此人之常情也故一盛一衰或得或失榮枯進退難逃此理經云人雖靈於萬物命莫逃乎五行斯言盡矣夫五行寄生十二宮長生沐浴冠帶臨官帝旺衰病死墓絕胎養循環無端週而復始造物大體與人相似循環十二宮亦若人世輪迴也三命提要云五行寄生十二宮一曰受氣又曰絕曰胞以萬物在地中未有其象如母腹空未有物也二曰受胎天地氣交氤氳造物其物在地中萌芽始有其氣如人受父母之氣也三曰成形萬物在地中成形如人在母腹成形也四曰長生萬物發生向榮如人始生而向長也

五曰沐浴又曰敗以萬物始生形體柔脆易為所損如人生後三日以沐浴之幾至日絕也六曰冠帶萬物漸榮秀如人具衣冠也七曰臨官萬物既秀實如人之臨官也八曰帝旺萬物成熟如人之興旺也九曰衰萬物形衰如人之氣衰也十曰病萬物病如人之病也十一曰死萬物死如人之死也十二曰墓又曰庫以萬物成功而藏之庫如人之終而歸墓也歸墓則又受氣包胎而生凡推造化見生旺者未必便作吉論見休囚死絕未必便作凶言如生旺太過宜乎制伏死絕不及宜乎生扶妙在識其通變古以胎生旺庫為四貴死絕病敗為四忌餘為四平亦大概而言之

論遁月時

天命以年為本為父月為兄弟僚友日為主為妻為己身時為子孫為帝座為平生榮辱之主首又曰年為根月為苗日為花時為實故苗無根不生實無花不結所以遁月從年遁時從日遁月即甲己之年正月起丙寅二月丁卯順行十二月

古歌曰

甲己之年丙作首　乙庚之歲戊為頭　丙辛之歲尋庚上　丁壬壬位順行流
更有戊癸何處起　甲寅之上好追求

遁時如甲子日子時生人即甲己還加甲便知子時乃甲子丑時乃乙丑順行十二時

古歌曰

甲己還加甲　乙庚丙作初　丙辛從戊起　丁壬庚子居　戊癸何方發　壬子是直途

右起月時之法取天干合數陰陽之配也既取合數自生化數月則取生時則取尅假如甲己化土火生土故月起丙寅木尅土故時起甲子月遁起寅人生於寅之義東作方興之時也時遁起子天開於子之義一陽方生之候也究而言之則皆相生而轉循環無端焉蓋上古歷元年甲子月甲子日甲子時甲子甲己起甲子祖於此也有甲子則乙丑丙寅順布十二宮陽生陽陰生陰相間一位同類為夫婦是起月之法不外乎起時之中矣

論年月日時

凡論人命年月日時排成四柱遁月從年則以年為本遁時從日則以日為主古法以年看子平以日看本如人之本

凡論人命年月日時排成四柱[illegible]以年為本[illegible]以日為主[illegible]

論年月日時

[illegible]十二宮[illegible]

[illegible]

古歌曰

甲[illegible]　乙[illegible]　丙[illegible]　丁[illegible]　戊[illegible]

[illegible]

古歌曰

[illegible]

十二月

[illegible]

論[illegible]時

[illegible]

三命通會　卷[illegible]　十一

如入安父母[illegible]

[illegible]

論五行[illegible]十二宮

[illegible]

木而得卯月以乘之主金而得酉時以乘之謂之本主乘旺氣如本水而得甲申丙子壬戌癸亥月主火而得丙寅戊午申辰乙巳時木木而得己亥辛卯甲寅庚寅月主金而得辛巳癸酉庚申壬申時謂之本主還家本木而得癸未月土金而得乙丑時本水而得壬辰月土火而得甲戌時謂之本主持印四位如此更吉神往來凶煞迴避謂之本主得位本勝於主者多得祖蔭主勝於本者當自卓立本主兩強富貴雙全四柱中更抑揚歸中無太過不及方作好命有一位不及必主蹇滯然諸家命術皆云好年不如好月好月不如好日好日不如好時大率以年則統乎一歲月則該乎三十而時日為得之獨不知得日時之吉而月不應反為無用況用神多取諸月是月又可輕乎唐李虛中獨以日干為主卻以年月時合看生尅制化旺相休囚取立格局譬之衡馬年如衡鈎綰起其物月如綱紐提起其物日如衡身星兩不差錘分輕重分毫加減此發前賢所未發故今術家宗之然古人論命分三主定三限以年與月管初主月與日管中主日與時管末主其法與星歷家分三主同若初主星當生年得力則初主好不得力則初主蹇滯中末主同三限以生月為初限管二十五年生日為中限管二十五年生時為末限管五十年若初限值祿馬貴神不犯空亡截路交退伏神便於初限進達中限如初限便當中年成立末限如中限便當晚年享用是四柱中分三主三限可見當均重也

又曰年為太歲主人一生禍福如當生太歲是金是木要日月時相生相應造化和順則根基牢固一生卓立成就若支干五行不順反尅衝破為傷本主無壽被刑帶煞及生日月時者主損本氣破傷祖業六親冷淡蹇滯之命也月為運元行運從月建起若日時是本生年之福宜歸運元生旺處以扶助之故官印貴人祿馬財星宜在運元生旺處為佳若日時是本生年之禍宜歸運元剝尅處以潛濟之故土多窒塞宜歸運元疏通處水多泛濫宜歸運元歸宿處火多暴露宜歸運元晦息處金本太強宜歸運元沉潛處或運元集生時之福或運元發福於生時日者三陽之會帝王之象時者近侍之臣以親帝座而時日有君臣慶會天地德合或年月日時四位納音生旺之氣或四位祿馬福貴之氣聚於時上謂之四位集福於帝座或時倒搊旺氣秀氣散在諸位而諸位乘吉會之氣者謂之帝座發福於四位夫集福於帝座則以純厚忠信為心發福於四位則以聰明端直自進若近侍之臣切忌土火金氣太旺不能久任水木清奇多是翰林年月發福處不要生時破壞敗壞處仍要生時解釋由是論之年月日時均重而時為尤重人命貴賤

壽夭窮通得喪只在生時之辨時分八刻有初正末氣不同須細察之又曰節氣有立春在十二月末卻在十二月生得明年春氣占兩年氣候者謂之垂帶貴人有二月而得三月節氣卻在交氣之時餘剩中生者謂之無後貴人垂帶貴人生主福祿悠長占氣多也無後貴人生主富貴不久得氣少也

又定真論曰四柱以年為祖上則知世代宗派盛衰之理以月為父母則知親蔭名利有無之類以日為己身當推其干搜用八字為內外取捨之源干弱則求氣旺之藉有餘則欲不足之營干同以為兄弟如乙見甲為兄忌庚重甲以乙為弟忌辛多干尅以為妻財財多干旺則稱意若干衰財多則禍干與支同損財傷妻男取尅干為嗣女取干生為子存失皆例以時分野當推貴賤貧富之區或用年為主則可知萬億富貴相同者如甲子年生便為木命忌日之戒以月為兄弟如火命生酉戌亥子月言兄弟不得力之斷或日為妻如在空刑尅煞之地言尅妻妾之斷或時為子臨死絕傷煞之鄉言少子之斷又曰傷年不利父傷月不利兄弟亦主初年艱辛傷日不利己身名折腰煞傷時不利子孫亦無結果若年生月日時三位謂之上生下主損本氣兼破祖業時上生日月年謂之下生上主增福德若上生下得五行相逢乘生福氣亦作好命看若相乘生禍則不佳四柱純粹無刑衝破害空亡死絕更有福神互為之助方為吉命反此則凶

論胎元

夫胎者受刑之始故易乾知太始以形言也月者成氣之時故傳曰積日為月以氣言也今談命或不以胎月為重殊不思胎月是四柱之根苗日時雖為緊若不犯破胎月或乘旺氣祿馬之處則為福尤多或日時之害而為胎月所犯則吉亦歸無用是胎月最為樞要王湖專論胎數良有以也今人多以法取胎元未審精當且戊子生甲寅月往往便以乙巳為胎蓋言乙巳是生月前十月更不明其中有閏無閏或取日特以生日支干合者為受胎之時中有不值干支合全者亦取之無據惟有一法以當生前三百日為十月之氣乃是受胎之正譬之甲子日生便以甲子為受胎之日蓋五六計三百日看其生日在何月中有則閏在其中矣且如戊子生人甲寅月乙丑日須於半月前十月或十一月內尋當生乙丑日乃是三百日之正胎經云胎生元命前人言如子生得子胎丑生得丑胎此說亦未善且如辛未生得壬辰月以癸未為胎辛未土受癸未木制為身鬼又何以謂之胎生元命五行相尅兼胎處六害之地縱使日時

為福。亦主獨强自立者歟。蘭臺妙選有子歸母腹格。謂金年受胎逢土年生者吉。火年生者凶。月日時相生則吉。相尅則凶。又曰。凡人胎數長壽必長。胎數短壽必短。常以受胎隔零數為壽限。遇德却於零數增之。遇煞於零數減之。受胎不深者不能耐久。發即易休。更看納音何如。若胎時支干納音相生不刑戰者主壽。希尹曰。胎月見貴。必受福蔭。刑衝破害。決主覊辛。鬼谷子曰。胎中如有祿。生在貴豪家。或值空亡中。貧窮起怨嗟。古詩云。時為末主胎為壽。盡在末年五十後。帝座朝胎生氣結。看取壽年多老耄。意蓋謂此。據胎分經。人懷胎三百七十日而生。醫家以十月產者。計其血藏乾濕之一月也。況人有多月生者。少月生者。以何為准。多月生者。不但古今可考。就余所知者二三人。俱是貧家。少月生如杜拯都憲止七個月。余與同僚親聞渠說。又吳淵潁先生宋文憲公濂俱娠七月而生。然則貴人受胎定在三百日。又豈可據乎。

論生命宮

神無廟無所歸。人無室無所棲。命無宮無所主。故有命宮之說。不然。流年星辰為吉為凶。以何憑據。此法看是何月生人。坐於何時。然後方定命坐何宮。先將所生之月。從子上起正月。亥上二月。戌三。酉四。申五。未六。午七。巳八。辰九。卯十。寅十一。丑十二。逆行十二位。次將所生之時。加於所生之月。順行十二位。逢卯即安命宮。經云。天輪轉出地輪上。卯上分明是命宮是也。假令甲子年三月生人。得戌時生。却將正月加子。二月在亥。三月在戌為丑。又將戌時加在戌上亥上亥子上子。丑上丑。寅上寅。卯上卯。逢卯便是。即命坐卯宮是也。仍隨甲子年起。亦如起月之法。甲己之年丙作首。乃丁卯宮也。次看三方。并木命流干。犯何星凶吉推之。

論大運

夫運者人生之傳舍。探命之說。先以三元四柱。五行生死格局致合。以定根基。然後考覈運氣。協而從之。以定平生之吉凶也。且根基如木。運氣如春。春無木而不著。木無春而不榮。賦以根基淺薄者。如蒿萊之微。春風潛發。亦能敷茂。豈能久耶。根基厚壯者。如松柏之實。不為歲寒所變。此所謂先論根基。後言運氣者歟。古人以大運則一辰十歲。折除以三日為年者何。蓋一月之終。晦朔周而有三十日。一日之終。晝夜周而有十二時。總十年之運氣。凡三日有三十六時。乃見三百六十日為一歲之數。在一月之中。有三百六十時。折除節氣。算計三千六百日。為一辰之十歲也。人生以百

二十歲為周天論。折除之法。必用生者實歷過日時。數其節氣之數。陽男陰女大運以生日後未來節氣日時為數。順而行之。陰男陽女大運以生日前過去節氣日時為數。逆而行之。假如甲子陽男十二月二十四日巳時生。是月也。二十九日申時立春。陽男數以未來之日。自二十四日巳時。至二十五日巳時。方是一日之實數。至二十九申時。正得五日三時之節氣。實歷過六十三日三時。折除。計六百三十日。乃一歲奇。九月之大運起於丁丑。必自十二月生日後。實經歷過二十有一之日月。運方移宮。是越三歲九月之內。方是甲子十二月生。行一歲奇。九月之大運也。今人行運多用約法論。以一歲奇八月起運。便以二歲。殊不明折除實歷之數也

又曰。大運者。乃八字之表裏也。取用當度其淺深。成歲須較夫多寡。然三日而成一歲。見有餘。人謂之零。見不足人謂之借。但知其零借。不知其所以零借。假如陽命。正月初一日丑時正一刻生。至初四日丑時正一刻立春節。乃作一歲全。若春在寅時。則多一時。乃零一旬。若欠一時。乃借一旬。又以行運之法論之。假如甲子年正月初一日子時正一刻生。行運算至乙丑年正月初一日子時正一刻。乃作一歲內小六個月。即進六日。在初七日子時正一刻方作一歲。只要算足十二個月。却為本年有運四月乃多一月矣。當退還本年十二月初七日子時正一刻交運。從此算後十週年。方換一運。若學者不知其生刻。獨知其生時。即以生時扣算六節之時亦差不遠

凡行運在干。兼用地支之神。在支則兼天干之物。蓋大運重地支。故有行東方南方西方北方之辨。損用神者。欲運制之。益用神者。欲運生之。身弱欲運引進旺鄉官。欲運生不欲運傷。煞欲運制不欲運助。財欲運扶不欲運劫。印欲運旺不欲運衰。食欲運生不欲運梟絕。更看四柱强弱如何。原有原無原輕原重。如木人用金為官。陽男運出未入申。陰男運出亥入戌。金人用木為財。陽男出丑入寅。陰男出己入辰。俱向祿臨馬。原有官行官運。發官原有財行財運。發財原有災行災運。發災更看當生年時得氣淺深。四柱得氣深。迎運便發。得氣淺。須交過運始發。得其中氣。運至中。則發。珞琭子云。其為氣也。將來者進。成功者退。瑩和尚云。迎之以臨官帝二。將來者進。背之以休廢死絕。功成者退。又曰。生逢休敗之地。早歲孤貧。老遇健旺之鄉。臨年偃蹇。瑩和尚云。身須逐運。運必假運而資身。勢須及時。亦假時而成勢。又曰。生逢旺歲。運須處於旺鄉。晚遇衰年。運恰宜於困地。壺中子曰。老幼慎勿坐强壯。實惟宜趣旺生旺。雖吉而未必吉。衰絕雖凶而未必凶。達此者始可論運。蓋人自生至老。必從微以至少壯。十歲之時。方當少年。惟可行胎養生沐浴冠帶處

三十四十。當陽强壯之時。可行旺處。五十六十。天癸枯竭。只可行衰敗死絕。反此者謂之一生運背。三限驅馳。直饒晚入旺鄉。已非符叶。又曰。命中五行衰者運宜盛。五行盛者運宜衰。衰者復行衰運。是謂不及。不及則連蹇沉滯。盛者復行盛運。是謂太過。太過則擊作成敗。要歸於中而已。珞琭子云。年雖逢於冠帶。尚有餘災。運初入於衰鄉。猶披尠福。王氏註云。年運或初離沐浴暴敗之地。順行至冠帶。未可便以為福。尚有衰敗之餘灾也。或自旺地而行。初入衰鄉。亦不可便以為禍。猶披旺鄉之尠福也。行運所以有前後五年之說。壺中子曰。將徹不徹。寧有久否之殃。欲交不交。尚有幾殘之禍。蓋言運行在衰絕之處。將入吉慶之地。必於臨離之時。更有重撓。還在吉慶之地。將入衰絕之處。必於初入之時。更有重福。又云。吉運未到。先作福。凶神過去。始為殃。乃火未熖而先烟。水既往而猶濕之理。當更詳之。又云。陰男陽女時觀出入之年。陰女陽男更看元辰之歲。蓋言陰男陽女稟氣不順。故大運時觀出運入運之年。而有吉凶之變。陽男陰女稟氣雖順。不以出入之年為應。亦不可遇元辰之厄會。壺中子云。元辰犯運。仲尼困陳蔡之饑是也。

又曰。凡大運行有益處。為吉泰之運。亦不能常為福。須候太歲行年更於生旺和合。方可發福。若大運至吉鄉。却遇逐年太歲小運到刑害之鄉。亦主細累浮灾。但不為重害也。若大運行迍蹇凶禍之地。逐年太歲又見刑衝。小運不和。衝擊死絕。方主發禍。若小運與太歲到生旺祿馬貴神。一切吉神。其年却有小慶。過去則否。燭神經云。凡推命之禍福。須先度量基地厚薄。然後定灾福。如命有十分福氣。行三四惡運。都不覺凶。福力厚故也。若五六分惡運。只有浮災細累而已。至七八分惡運。方有重灾。如命有五分福氣。行三四分惡運為甚凶。若四五分惡運則須死。蓋基地不牢故也。若大運曾歷過本命長生處者。謂之氣盛之運。雖歲運來衝尅者。為禍不重。運氣强故也。未經長生而歲運刑衝尅破。則便為灾。蓋氣未備。運弱故也。若曾過旺相而逢死絕。如命不吉為灾亦輕。陰陽五行代謝之順道也。縱死於此。亦須令疾而終。若方經長生歷於敗地。其中有刑尅惡煞與命相符面見者。則五行之氣反戰。故有凶惡而終。

又曰。凡行運長生。主有創建作新之事。到臨官帝旺。主興盛快樂。發福進財。生子骨肉之慶。到衰病之鄉。多退敗破財。疾病等事。到死絕鄉。主骨肉死喪。自身衰禍鈍悶。百事蹇塞。到敗運落魄懶惰。酒色昏迷。到胎庫成形冠帶之鄉。主百事得中。安康平易。凡行運至夾貴華蓋貴人六合土及乘生旺氣者。皆主善慶。仍須察當生根基十分則應五分。生時五分則應十分。福與灾同。凡行運至臨官帝旺上。太歲持之。官員主薦章改秩之喜。官印食福亦然。馬旺貴人之地。必入叅侍之列。蓋貴為君。道馬主遷動故也。

又曰。凡子丑寅卯辰巳四柱陽多人。行運至午未申酉戌亥上。乘陰氣而發。午未申酉戌亥四柱陰多人。行子丑寅卯辰巳運。乘陽氣而發。二者陰陽均協。然陰人陽發者快。陽人陰發者遲。

又曰。一水命四柱有土。至火運本是財運。却反為鬼者。因火生土。土尅水。是財化為鬼。轉福成禍。四柱有金。至土運是鬼運。却反為吉者。以土生金。金生水。是化鬼為助氣。反禍為福。又如水命人。柱有寅午戌。或納音火。更行寅午戌。皆為好運。若四柱有金有火。固是為福。若行水運。則分厚其福。即為不好運。四柱多土。却行木運。名曰損氣。主駁雜。雖有救。亦多辛苦。歇滅餘倣此推。

又曰。丁丑人行丁未運。名曰將凡入聖。以假為真。不以退神論。四柱有丁丑丁未者。不在此限。若戊寅人行丁丑運。雖是退神。却有濟化為福。若庚辰生人。或庚辰日。行乙酉運。乙酉生人。或乙酉月。行庚辰運。名曰鴛鴦兩兩。主發跡。但重叠者不佳。乙未人酉年月日時者大凶。甲申人行丙寅運。並名曰力停相衝。主破財爭競。屈伸不辨。丙戌人行辛卯運。主鈍滯。只宜武人。丙子人行壬寅運。壬入丙家。破財不吉。餘倣此推。又曰。凡命有氣象。當取生時干神為氣。四柱干神為象。如甲時己時則有土氣。乙庚金氣。丙辛水氣之類。為化象。甲乙丙丁為本象。行運至氣象得地處吉。不得地處凶。庚辛壬癸乙庚丙辛為金水象。運至申酉丑上得地。庚辛戊己甲己乙庚為金土象。運至申酉辰上得地。庚辛丙丁乙庚戊癸為金火象。運得巳午戌上得地。庚辛甲乙乙庚丁壬為金木象。運至丑寅卯上得地。甲乙壬癸丁壬丙辛為水木象。運至亥子辰上得地。丙丁甲乙戊癸丁壬為火木象。運至寅卯未上得地。戊己壬癸甲己丙辛為水土象。運至辰上得地。戊己丙丁戊癸甲己為火土象。運至戌上得地。戊己甲乙丁壬為土木象。運至未上得地。戊己庚辛乙庚甲己為金土象。運至丑上得地。看四柱干神得何象。如純金木水火土。亦為五象。若雜而不入象者。不發。發亦不久。如五純象亦有大過之象。仍詳當年月令得地。然後看行運得地不得地而言。不可以遇祿馬貴人為得運。遇空亡年及刼煞為失運也。又曰。凡行運看納音年庚金木水火土。是何命人。如土命而行西南方。為西南得朋之慶。木命而行東方。火命而行南方。金命而行西方。水命而行北方。皆為得地。更看所行之運納音。與命相孚同類。最為上吉。財官次之。若泄氣或受尅重則不吉。

[illegible]運則不吉

火命而行南方金命而行西方水命而行北方木命而行東方吉為得地更看所行之運納音與命[illegible]

[illegible]

[illegible]

又曰古人以甲子乙丑各支干六十甲子用花字是皆以木喻義若天干地支得時自然開花結子茂也月令者天元也今運就月上起譬之樹苗樹之見苗則知其名月之用神則知其格故謂交運如同接木命有根苗花實正此意也若出癸入甲譬反汗之人多主不吉古語云傷寒換陽行運換甲換過是人換不過是鬼假如甲戌接癸亥是火上接水丑交寅辰交巳未交申戌交亥東西南北四方轉角謂移根接木更遇換甲格凶者多死善者亦災老人大忌後生差慢若寅卯辰巳午未申酉戌亥子丑一氣和運皆非接木之說總遇接甲亦無大禍假如甲乙傳寅卯運名曰劫財敗財主尅父母及尅財敗財爭鬬之事丙丁巳午運名傷官運主尅子女訟事囚繫庚辛申酉運干煞官鄉主得名發越太過則災病惡疾壬癸亥子生氣印綬運主吉慶增產辰戌丑未戊己財運主名利皆通此乃死法須隨格局喜忌推之干旺宜衰運正所謂干弱則求氣旺之藉有餘則欲不足之營須要通變更兼流年諸神煞推之其驗如神

論小運

夫大運司十年之休咎小運掌一歲之災祥是小運者補大運之不足而立名也古人以男起丙寅女起丙申者何蓋元氣之所孕始於子立於己子者字之始己者包之始自子推之男左行三十而立於巳女右去積二十而合之己巳正陽也陰實從焉是故聖人因是而制禮參天兩地自然之數始也自己而壬之男十月毓於寅女十月毓於申申為三陰寅為三陽故年運起焉日生於甲月生於庚日月東西夫婦之象也甲統於寅庚統於申是故陰陽之合以正將以順性命之理耳此小運所以男起丙寅順行女起壬申逆行一定而不可易也解者謂男子陽火元氣起戊子三十丁巳十月至丙寅此本生火女子陰水元氣起庚子二十辛巳十月至壬申為金生水此其數也白虎通謂男三十筋骨堅強任為人父女二十肌膚充盛任為人母合為五十應大衍之數以主萬物陽奇而舒故三終陰偶而促故再終參天兩地之道此其理也或者以甲子旬如土起甲申旬男起丙戌女起壬辰甲午旬男起丙申女起壬寅甲辰旬男起丙子女起壬子甲寅旬男起丙辰女起壬戌則非聖人原立起年運之義矣今之談命者只以大運為用殊不知小運亦有繫關大運雖吉其小運不通泰可便言吉利如大運雖凶其小運却吉未可便作凶推此小運又名行年不可不究醉醒子以為男女小運皆由時生而行之逆順亦以年定如陽命陽年甲子時生隨地即行乙丑二歲丙寅一位一年週而復始陰命陽年逆行亦然嘗試用之屢驗亦要與大運及柱中有神日主較量吉凶童限未交大運專用此法行死絕煞旺之宮必有危難先詳八字衰旺喜忌然後以此參之蔑不中矣

論太歲

夫太歲者乃一歲之主宰諸神之領袖其說有二如四柱中生年曰當生太歲如逐年輪轉曰遊行太歲當生太歲乃終身之主其理已論於前其逐年太歲遊行十二宮定一年之禍福為四時之吉凶經云太歲乃衆煞之主人命未必為凶如逢戰鬬之鄉必主刑於本命蓋太歲如君也大運如臣也如君臣和悅其年則吉若值刑戰其年則凶經又云歲傷日干有禍必輕日犯歲君災殃必重此又分言歲君傷日者如庚年尅甲日為偏官譬君治臣父治子雖有災悔不為大害何則上治其下順也日犯歲君如甲日尅戊年為偏財譬臣弒其君子弒其父深為不利何則下凌其上逆也其凶決不能免若五行有救四柱有情如甲日尅戊年四柱元有庚申金或大運中亦有尅甲木制伏純粹不能尅戊上為有救經云戊己愁逢甲乙干頭須要庚辛是也如人運并四柱中有一癸字與戊相合為有情經云壬以癸妹配戊凶為吉兆是也若二字俱全其年凶反為吉有一字者凶半二字俱無凶莫能解經云五行有救其年反必為財四柱無情故論名為尅歲是也又有真太歲征太歲之說經云生時相逢真太歲假如甲子生人又見甲子年謂之真太歲又名轉趾煞要大運日主與太歲相和相順其年則吉若值刑衝破害與太歲互相戰尅則凶如癸巳日逢丁亥流年日干支衝尅太歲亦曰征運干支傷衝太歲亦曰征太歲干支衝日干支亦曰征其年則凶災禍未免又如甲子流年又是甲子運謂之歲運併臨獨羊及七煞為凶財官印綬亦吉經云歲運併臨災殃立至此指羊及言也又如甲子日見甲子太歲謂之日年相併如君子得之謂之君臣慶會其年利奏對有面君之喜若當省士人得之有登薦仕進之象又要與歲君帝座和協方為奇特若是常俗小人遇之最為不善若生時相和為灾稍輕故經云太歲當頭立諸神不敢當若無官事擾定主見重喪此之謂歟更加以勾絞元武咸池孤害宅墓病死官符喪吊白虎羊及暴敗天厄諸凶煞併臨禍患百出甚者死假如甲日見戊年太歲甲又生寅卯亥未年月日時又重見甲乙字併尅戊年柱中無庚辛己酉丑金局制木丙丁火局焚木者大凶如一命戊辰戊午戊戌甲寅年及倒戈遇壬申年四月項生惡瘡頭將墮死又一命乙丑乙亥壬申乙巳運行辛未丙寅年日干之壬尅太歲之丙日支之申庚尅太歲之寅甲又寅刑巳巳刑申申刑寅行辛未運合太歲之木局傷官皆不為吉其年甲午年月火旺戰尅故死非命大抵日犯歲

[illegible]

推之干旺宜發運[illegible]

論小運

夫大運[illegible]

[illegible]

論大歲

夫大歲者乃一歲之主宰諸神之領袖其說有二如[illegible]

[illegible]

君在五陽干則重。在五陰干則輕。若日干是天月德太歲是用神則無咎而反有獲。若天衝地擊柱中原有流年再遇亦無大咎。若太歲尅當生時或時尅太歲。亦主有災。卻以子位斷之。

總論歲運

夫太歲者年中天子。一歲諸神煞之尊。統正方位。廻送六氣。遷運四時。以成歲功。至尊無上。若人遇尅衝壓伏皆為不祥之兆。運者協和二十四氣。般運一生休咎。扶持四柱。輔弼三元。運與流年。二者相為表裡。乃人命禍福死生所係。歲用天元。運用地支。凡行好運而日干傷流年。天元為禍輕。若行不好運及脫財官運。而日干傷歲干。為禍重。若是已發之命。禍患立至。凡行不好運。未可便言衰絕。大要知已發未發其氣運已過未過言之。行運以生月為運元。最怕行運與太歲衝尅。若歲運衝月。必禍。若歲運與日相對。謂之返吟。歲運壓日。謂之伏吟。二者不利六親。非橫破財。不為吉兆。凡歲運吉凶。當生天元或支中原無官星。天元有正官或原有偏官制伏太過。運遇天元官星亦可發福。運支無財。而運干是財。亦可發財。運支無煞而運干是煞。亦足為禍。

又曰。晦氣者乃不明之象。昏昧之道也。即甲己乙庚之例。以合則晦也。日干與時干不宜與太歲大元合。合則名為晦氣。又要分日干合太歲。如甲日己年之例。太歲合日干。如己日甲年之例。甲合己災重。己合甲災輕。歲位近者災重。遠者災輕。如歲在日前五辰而遇合。謂之太歲入宅。晦氣臨門。主災厄。神白經曰。論晦氣日輕時重。更看人元旺則主門戶眷屬之災死絕。併衝主身災。若在地支六合相合。謂之鴛鴦合有用。主好事相近。若干支俱合主添正人口得吉神同位。士人宜見官奏薦。又書之喜。若相憎則有離別之苦。若有相刑之位。更處休囚。止本身災禍。若在六害之位主小口有疾。或奴婢走失之惱。若在日時宅墓之位主門戶不寧。及陰人為撓。若有懷妊。必產。後有不寧之象。利生女不利生男。如生男則母子有一失。歲君與大運合亦同論。

又曰。大運不宜與太歲相尅相衝。尤忌運尅歲。與日犯同。主破耗喪事。有貴人祿馬解之稍吉。八字有救無虞。經云。歲衝尅運者吉。運衝尅歲者凶。格局不吉者死。歲運相生者吉。祿馬貴人相合交互者亦吉。詳審細推。無有不驗。

論進交退伏

間東叟云。以十干為四候。十五日為一候。十二日為進神候。外三日為交退伏神候。故甲子為第一進神。則丙子丁丑

戊寅為交退伏神。己卯為第二進神則辛卯壬辰癸巳為交退伏神。甲午為第三進神則丙午丁未戊申為交退伏神。己酉為第四進神則辛酉壬戌癸亥為交退伏神。值進神則發跡亨快。值交刑則庶事不諧。值退神則官資降黜。值福神則所作留滯。經云。進神四座兼奇特貴煞相扶為福力是也。壺中子云。順太歲而行。曰進神。逆太歲而回曰退神。逢進神則文章領銳。遇退神則智識暗昧。廣信果則以此甲乙丙丁。子丑寅卯為進。丁丙乙甲。卯寅丑子為退。若干支俱退者。主稱意中有不稱意者隨之。如庚戌得甲寅為進。得乙巳為退。不在本旬者慢。是只有進退而無交伏。恐非是。

論十干合

夫合者乃和諧之義也。如陽見陽。二陽相競則為尅。陰見陰。二陰不足則為尅。惟陰見陽。陽見陰為合。亦如男女相合而成夫婦之道焉。易曰。一陰一陽之謂道。偏陰偏陽之謂疾是也。

東方甲乙木。畏西方庚辛金尅。甲屬陽為兄。乙屬陰為妹。甲兄遂將乙妹嫁金家與庚為妻。所以乙與庚合。乙雖嫁與庚為妻。春來木旺。金囚不畏金尅。乙遂歸本家就甲。然不免在金家懷胎。歸木家產木色青。金色白。是以春來園林木青葉開白花。

南方丙丁火畏北方壬癸水尅。丙屬陽為兄。丁屬陰為妹。丙兄遂將丁妹嫁水家與壬為妻。所以丁與壬合。丁雖嫁與壬為妻。夏來火旺。水囚不畏水尅。丁遂歸火家就丙。然不免在水家懷胎。歸火家產水色黑。火色赤。小滿後桑椹熟當有赤。

中央戊己土畏東方甲乙木尅。戊屬陽為兄。己屬陰為妹。戊兄遂將己妹嫁木家與甲為妻。所以甲與己合。己雖嫁與甲為妻。六月土旺。木囚不畏木尅。己遂歸土家就戊。然不免在甲家懷胎。歸戊家產土色黃。木色青。所以六月甜瓜雖熟。肉黃皮青。

西方庚辛金畏南方丙丁火尅。庚屬陽為兄。辛屬陰為妹。庚兄乃將辛妹嫁火家與丙為妻。所以丙與辛合。辛雖嫁與丙為妻。秋來金旺。火囚不畏火尅。辛乃歸金家就庚。然不免在火家懷胎。歸金家產火赤金白。秋中棗熟有半赤半白之狀。楓葉丹。

北方壬癸水畏中央戊己土尅。壬屬陽為兄。癸屬陰為妹。壬兄乃將癸妹嫁土家與戊為妻。所以戊與癸合。癸雖嫁與

北方壬癸水畏中央戊己土[illegible]所以戊[illegible]

[illegible]

西方庚辛金[illegible]所以丙與辛合[illegible]

[illegible]

中央戊己土[illegible]所以甲與己合[illegible]

[illegible]

南方丙丁火畏北方壬癸水[illegible]所以丁與壬合[illegible]

[illegible]

東方甲乙木[illegible]

而成夫婦[illegible]

夫合者[illegible]陰陽[illegible]

論十干合

[illegible]

問[illegible]以十干為四[illegible]

論[illegible]運[illegible]

[illegible]

論[illegible]運

[illegible]

戊為妻。冬來水旺，土囚不畏土剋。癸遂歸水家，就壬。欲不免在戊家懷胎，歸壬家產。水黑土黃，嚴冬霜雪，草木死而黃出。

甲與己何名為中正之合。甲陽木也，其性仁，位處十干之首。己陰土也，鎮靜淳篤，有生物之德。故甲己為中正之合。帶此合主人尊崇重大，寬厚平直。如帶煞而五行無氣，則多嗔好怒，性梗不可屈。

乙與庚何名為仁義之合。乙陰木也，其性仁而太柔。庚陽金也，堅强不屈。則剛柔相濟，仁義兼資。故主人果敢有守，不惑柔佞，周旋惟仁，進退惟義。五行生旺，則骨秀煞清。若死絕帶煞，則使氣好勇，體貌不揚，自是非人。甲己乙庚之合，婦人不忌。

丙與辛何名為威制之合。丙陽火也，煇赫自盛；辛陰金也，剋刃喜煞。故丙辛為威制之合。主人儀表威肅，人多畏懼，酷毒好頗，喜淫。若帶煞，或五行死絕，則寡恩少義，無情之人。婦人得之，與天中大耗、咸池相併者，貌美聲卑，三合天治而淫。

丁與壬何名為淫慝之合。壬者純陰之水，三光不照；丁者藏陰之火，白色不明。故丁壬為淫慝之合。主人眼明神嬌，多躁易動，不事高潔，君下無志，躭歡嬌色。於我則文，於彼則貪。若五行死絕，或帶煞見咸池大耗、天中自敗，有淫污家風之醜，親厚小人，侮慢君子，貪婪妄作，必勝而後已。婦人淫邪奸慝，易挑易誘，多招玷辱。或年高而嫁少婿，或年幼而配老夫，或先賤而後良，或先良而後賤。

戊與癸何名為無情之合。戊陽土也，是老醜之夫；癸陰水也，是婆娑之婦。老陽而少陰，雖合而無情。主人或好或醜。如戊得癸，則嬌媚有神，姿美得所，男子娶少婦，婦人嫁美夫。若癸得戊，則形容古樸，老相俗塵，男子娶老妻，婦人嫁老夫。經云：戊得癸合，少長無情是也。

或問十干必隔六位一合，何也。余答曰：天地之數，各不過五。上五位為生數，下五位為成數。生數與成數相遇，然後合。天一生壬，地二生丁，天三生甲，地四生辛，天五生戊，地六成癸，天七成丙，地八成乙，天九成庚，地十成己。天一數見地二數，然後合。所以必隔六也。易曰：天數五，地數五，五位相位而各有合是也。五行要論云：天一生水，其於物為精，精者一之所生也。地二生火，其於物為神，神者二之所生也。天三生木，其於物為魂，魂從神者也。地四生金，其於物為魄，魄從精者也。天五生土，其於物為體，體者精神魂魄具而後有者也。自天一至天五，五行之生數；自地六至地十，五行之成數。以奇生者成而偶，以偶生者成而奇。其成之者皆五。五，天數之中，所以成於物也。道立於一，成於三，變於五，而天地之數具矣。十也者，偶之而已。經云：一六同宗，二七同道，三八為朋，四九為友，五十同途。闔闢奇偶是也。

合者，貴乎得中而不偏。如一甲得一己，各乘生旺，是謂得中而不偏。如甲太旺，己太柔，兩不相稱，是謂太過不及。若一己合兩甲，兩甲合一己，是謂陰陽偏枯。如婦多夫，少夫多婦，少相爭相妬，皆亂之道也。故曰偏則亂。壺中子云：一氣偏枯，老為俗物是也。天元變化書云：天干合，陽得陰合，福慢；陰得陽合，福緊。故甲得己合為財，己得甲合為官。陽干遇陰干合，止得干合之福；陰干遇陽干合，又得正官合，轉為兩重福。故緊慢不同，餘干例推。

又曰：干合更得支合，在一旬內，如甲戌見己卯、甲辰見己酉之類，謂之君臣慶會。在兩旬內，如甲子見己丑、甲午見己未之類，謂之夫妻聚會。蓋世事有本國之君，未嘗有異國之臣，所以在一旬內見，方曰君臣慶會，仍要別其陽為君，陰為臣，君位致上，臣位致下，方是。反此則悖。世事有本郡之夫，却有他郡之妻，所以各旬五見，謂之夫妻會聚，又名天地得合。若見是合，又須要和氣貴神相助，方為有用。內有衝破受傷，合中有形煞，皆為不吉。御製言談云：合中帶祿，定是公侯。合處相傷，反為無補是也。

論十干化氣

復陽子曰：丁壬合而化者，陰陽之配，夫婦之道也。遇六則合，遇三則化。以五子餘數至己上得合，既合遇虎，統龍，龍主陽德，司天而成變化者也。子者坎之位，天一生水，媾精之象，始娠陽中。故男子從子左行三十至巳，陽也，故三十而娶；女子從子右行二十至巳，陰也，故二十而嫁。此人事合五行之造化，詎可過於此期哉。

東壬子	至丁己六數	故丁與壬合	丁壬化木	甲德統龍
南戊子	至癸己六數	故戊與癸合	戊癸化火	丙德統龍
西庚子	至乙己六數	故乙與庚合	乙庚化金	庚德統龍
中甲子	至己己六數	故甲與己合	甲己化土	戊德統龍
北丙子	至辛己六數	故丙與辛合	丙辛化水	壬德統龍

北丙子至辛巳六數　故丙與辛合　丙辛化水　壬辰[illegible]龍

中甲子至己巳六數　故甲與己合　甲己化土　戊辰[illegible]龍

西庚子至乙巳六數　故乙與庚合　乙庚化金　庚辰[illegible]龍

南戊子至癸巳六數　故戊與癸合　戊癸化火　丙辰[illegible]龍

東壬子至丁巳六數　故丁與壬合　丁壬化木　甲辰[illegible]龍

[illegible]

論十干化氣

[illegible]

[illegible]一六同宗，二七同道，三八為朋，四九為友，五十同途[illegible]

[illegible]

丙辛合，何以為威制之合？[illegible]

[illegible]

丁壬合，何以為淫慝之合？[illegible]

[illegible]

戊癸合[illegible]

甲己之歲戊德統龍以土司化黅天土氣乙庚之歲庚德統龍以金司化素天金氣丙辛之歲壬德統龍以水司化玄天水氣丁壬之歲甲德統龍以木司化蒼天木氣戊癸之歲丙丁統龍以火司化丹天火氣統龍天德上下臨御以成變化品彙咸亨故丙遇辛得申子辰而奪發乙遇庚得巳酉丑而掀轟丁遇壬得亥卯未而清貴戊遇癸得寅午戌而榮顯甲遇己得辰戌丑未而旺相是以五運以五宮為正廟我入日宮為福德我入子宮為漏泄我入鬼宮為刑傷我入妻宮為財帛子反能尅制於凶煞仍究煞氣制之所以五運造化無窮惟生尅制化

三車以甲己年遁起丙寅至戊辰三數數至三則變化辰為龍亦能變化故甲己乙庚丙辛丁壬戊癸隨其所屬天干而得其氣又曰甲己丙作首丙屬火火生土故化土餘例推其說不外前理

又曰甲己化土有二則化一不能化仍還本位之性所謂一不能生生物必兩此天干一陰一陽如夫婦配合成偶方能變化成形陰陽不合安得化機之宣哉是以有如化之說如甲己見乙乙庚見辛丁壬見丙戊癸見壬丙辛見丁所謂妬化自戀其生遂成一家之好愛戀親情何能從化故化象須歸一方穩如丁壬化木柱中見癸並子雖強成木不成真物是化而不化也

又曰大凡化氣只取日干而百配合之神或年月與時皆可用但要日長得旺氣於時若不得月中旺氣只時上旺氣亦可倘得月中旺氣而時上不乘旺氣則不可用若月與日時俱得旺氣方為全吉

甲己化土非辰戌丑未月不化其次午月亦化有戊字間之則不化名曰妬合凡辰戌丑未生人柱有己亥為受氣臨官主晚年不吉有官奪官有財奪財夫受氣臨官長生第四位也以干為主雙犯則應餘月不應又曰甲己化土切要木為官得亥卯亥未為官戊癸氣為福忌見丁壬日時

乙庚化金非巳酉丑月不化其次七月亦化有甲字間之則不化名曰妬合凡巳酉丑生人柱有庚申名曰受氣臨官晚年不佳又曰乙庚化金切要火為官故喜丙丁巳午甲己為福忌見戊癸日時

丙辛化水非申子辰月不化其次十月亦化柱有丁字不化名曰妬合凡申子辰生人見癸亥名曰受氣臨官亦主晚年不佳又曰丙辛化水切要土為官得辰戌丑未為官乙庚為福忌見甲己日時

丁壬化木非亥卯未月不化其次正月亦化柱有丙字不化名曰妬合亥卯未生人見甲寅名曰受氣臨官晚年不佳

又曰丁壬化木切要庚辛申酉為官丙辛為福忌見乙庚日時

戊癸化火非寅午戌月不化其次四月亦化柱有己字不化名曰妬合凡寅午戌生人見丁巳為受氣臨官晚年不佳

又曰戊癸化火切要壬癸亥子為官丁壬為福忌見丙辛日時

甲己化土喜戊辰時生四季月其土成象柱中生旺有氣為上不可見火見火則虛見木氣則尅壞是甲己日怕丙丁時餘月喜丙

乙庚化金喜庚辰時生申酉月其金成象喜戊土相生甲己為福不喜死敗故此月有乙庚日怕子言時

丙辛化水喜壬辰時生亥子月其水成象愛庚字相生之氣乙庚為福故此月有丙辛日怕卯己時

丁壬化木喜甲辰時生寅卯月其木成象喜丙辛為福故此月有丁壬日怕午申時

戊癸化火喜丙辰時生巳午月其火成象愛甲字相生丁壬為福怕卯酉日時若犯戊己是火見土即暗伏不明

又曰丙寅辛卯丙辰辛卯庚申乙酉庚戌乙酉己亥甲子己丑甲子癸巳戊午癸未戊午戊子癸丑戊寅癸丑己酉甲戌己亥甲戌乙巳庚辰乙卯戊辰壬午丁未壬申丁未以土地支相連是同氣也故為正化

有轉角進化干合中見支辰四角相順運如甲辰見巳巳之類日時遇之成立功名不難

有轉角退化干合中見支辰四角相返運如甲午見巳巳之類日時遇之功名差晚到好處多退滅歲運逢之亦歇滅

有坐下自化乃壬午丁亥戊子甲午辛巳癸巳丁祿在午壬與丁合壬祿在亥丁與壬合之例壬午丁亥為福最深戊子聰明辛巳權謀甲午一作小亨癸巳貴中有酒色之疾

逐月橫看理化之象

正月節	二月節	三月節	四月節	五月節	六月節
丁壬化木	丁壬化木	丁壬不化	丁壬化火	丁壬化火	丁壬化木
戊癸化火	戊癸化火	戊癸化火	戊癸化火	戊癸發貴	戊癸不化
乙庚化金	乙庚化金	乙庚成形	乙庚金秀	乙庚無位	乙庚不化
丙辛不化	丙辛水氣不化	丙辛化水	丙辛化火	丙辛端正	丙辛不化

甲己不化	寅午戌化	亥卯未化木	申子辰不化	己酉丑破指	辰戌丑未失地	七月節	丁壬化木	戊癸化水	乙庚化金	丙辛進秀學堂	甲己化土	寅午戌不化	亥卯未成形	申子辰大貴	己酉丑武勇	辰戌丑未亦貴
甲己不化	寅午戌化火	亥卯未化木	申子辰不化	己酉丑純形	辰戌丑未小失	八月節	丁壬不化	戊癸衰薄	乙庚進秀	丙辛就妻	甲己不化	寅午戌破家	亥卯未無位	申子辰清	己酉丑入化	辰戌丑未
甲己暗秀	寅午戌化火	亥卯未不化	申子辰化水	己酉丑成形	辰戌丑未成無信	九月節	丁壬化火	戊癸化火	乙庚不化	丙辛不化	甲己化土	寅午戌化火	亥卯未不化	申子辰不化	己酉丑不化	辰戌丑未正位
甲己無位	寅午戌化火	亥卯未不化	申子辰純形	己酉丑成器	辰戌丑未貧乏	十月節	丁壬化木	戊癸為水	乙庚化木	丙辛化水	甲己化木	寅午戌不化	亥卯未成林	申子辰化水	己酉丑破象	辰戌丑未不化
甲己不化	寅午戌真火	亥卯未失地	申子辰化水	己酉丑辛革	辰戌丑未貧賤	十一月節	丁壬化木	戊癸化水	乙庚化木	丙辛化秀	甲己化土	寅午戌不化	亥卯未化木	申子辰化水	己酉丑化金	辰戌丑未不化
甲己不化	寅午戌不化	亥卯未不化	申子辰不化	己酉丑化金	辰戌丑未化土	十二月節	丁壬不化	戊癸化火	乙庚化金	丙辛不化	甲己化土	寅午戌不化	亥卯未不化	申子辰不化	己酉丑不化	辰戌丑未化土

論支元六合

夫合者和也。乃陰陽相和。其氣自合。子寅辰午申戌六者為陽。丑卯巳未酉亥六者為陰。是以一陰一陽和而謂之合。子合丑。寅合亥。却不子合亥寅合丑。夫何故。造物中雖是陰陽為合。氣數中要以陽氣為尊。子為一陽。丑為二陰。一二成三數。寅為三陽。亥是六陰。三六成九數。卯為四陽。戌是五陰。四五得九數。辰為五陽。酉為四陰。五四得九數。巳為六陽。申為三陰。六三得九數。午為一陰。未為二陽。一二得三數。子丑午未各得三者。三生萬物。餘皆得九者。乃陽數極也。嘗聞論甲乙者。如何子與丑合。皆莫知其故。因偏覽羣書。以觀大運。乃知壬亥之間。日月十二辰交會之所。凡月之會朔日之璧於此位謂之會。劣謂之集。十二月之辰。如玄枵星紀之類與之同在焉。一歲十二會。太陰太陽隔夜坎離之妙。此生萬轉圖而放會合得可見也。十二月建丑。是時玄枵同在壬亥之間。以玄枵在子之辰。此其所以為子丑之合。正月建寅。是時娵訾在壬亥之間。以娵訾在亥之辰。此其所以為寅亥之合。二月建卯。此時降婁在壬亥之間。降婁戌。故卯與戌合。三月建辰。此時大梁在壬亥之間。大梁酉。故辰與酉合。四月建巳。是時實沈在壬亥之間。實沈申。此巳與申合之數。五月建午。是時鶉首在壬亥之間。鶉首在未。六月建未。是時鶉火在壬亥之間。鶉火在午。此午與未合之數。七月建申。是時鶉尾在壬亥之間。鶉尾在巳。故巳與申合。八月建酉。是時壽星在壬亥之間。壽星在辰。故辰與酉合。九月建戌。是時大火在壬亥之間。大火卯。故卯與戌合。十月建亥。是時析木在壬亥之間。析木寅。故寅與亥合。十一月建子。是時星紀在壬亥之間。星紀丑。故子與丑合。得日月會同之數。則其相合之用。如日月彌漫六合矣。人命逢六合逆化。豈不美哉。觀周禮春官之屬曰。太師樂其所掌之職。乃奏黃鍾。歌大呂。舞雲門。以祭天門。黃鍾子。大呂丑。取其子丑之合。以召天地之和氣也。奏太簇。歌應鍾。舞咸池。以祀地祇。太簇寅。應鍾亥。取其寅亥之合。奏無射。歌夾鍾。舞大武。以享祖先。無射戌。夾鍾卯。取其卯戌之合。奏姑洗。歌南呂。舞大磬。以祀四望。姑洗辰。南呂酉。取其酉辰之合。奏夷則。歌仲呂。舞大濩。以享先妣。夷則申。仲呂巳。蓋巳與申合。奏蕤賓。歌林鍾。舞大夏。以祀山川。蕤賓午。林鍾未。蓋午與未合。成王周公之制作也。因取乎律呂相合。然後可格三才之體。其理微哉。廣錄云。寅午往來。有甲己土氣。子巳往來。有戊癸火氣。己酉往來。有丙辛水氣。卯申往來。有乙庚金氣。亥午往來。有丁壬木氣。皆在祿上巳午亥亦謂之祿六合也。蓋一陽至六陽。一陰至六陰。更得天干納音有交涉尤嗇。夫合有合祿。合馬。合貴。也。珞琭子云。見不無而立有。謂見不見之形也。從無立有。喻如甲生人以寅為祿。不見寅而見亥。謂之合祿。寅生人以申為馬。不見申而見巳。謂之合馬中戌。庚人以丑未為貴。不見丑未而見子午。謂之合貴。經云。明合不如暗合。拱實不如拱虛。此之謂也。天元變化書曰云。子合丑福輕。丑合子福盛。寅合亥福清。亥合寅福慢。戌合卯福虛。卯合戌福厚。辰合酉福弱。酉合辰大利。午合未福慢。未合午大利。巳合申福慢。申合巳官氣敗。如甲午辛未。只是身旺卻命祿弱。如乙未壬午。雖祿弱粗得。又曰。男子忌合絕女

三命通會

論支元六合

八月節

九月節

十月節

十一月節

十二月節

人忌合貴

論支元三合

考歷家申子辰初之氣俱起於漏下一刻。巳酉丑初之氣俱起於二十六刻。寅午戌初之氣俱起於五十一刻。亥卯未初之氣俱起於七十六刻。氣皆起於同刻。是天地自然之理也。故謂之三合。或以三合者。如人一身之運用也。精乃氣之元。氣乃神之本。是以精為氣之母。神為氣之子。子母互相生。精氣神全而不偏之為合。蓋謂支屬人元。故以此論之。如申子辰。申乃子之母。辰乃子之子。申乃水生。子乃水旺。辰乃水庫。生即產。旺即成。庫即收。有生有成有收。萬物得始得終。乃自然之理。故申子辰為水局。若三字缺其一。則化不成局。不可以三合化局論。蓋天地間道理兩則化。一陰一陽之謂也。三則化。三生萬物之謂也。巳酉丑寅午戌亥卯未皆然。五行不言土者。四行皆賴土成局。萬物皆歸藏於土故也。若辰戌丑未全。自作土局論。凡命有合。要得局為佳。假令丙丁生人。見亥卯未印。巳酉丑財為得局。見寅午戌火為木局。申子辰水為官局。辰戌丑未土為傷局。又如丙人見巳酉丑。丁人見寅午戌為三會祿格。謂丙以巳為祿。丁以午為祿。酉丑合巳。寅戌合午故也。珞琭子云。祿有三會。又云。得一分三。前賢不載。壺中子云。得一分三。折月中之仙桂。此之謂也。餘倣此例。

凡六合三合入命。主人形容姿美。神氣安定。好生惡死。心地平直。周旋方便。聰慧疎通。如相生合者。舉事多遂。更有福神來往。則福愈厚也。其生平多藝多才。言和貌悅。不較是非。禍福扶持。人多見鄰。如相尅合者。難事而易悅。多是定計動多招損。更有凶煞相兼。橫事勾連。驚暴之災。不致深咎。死絕合者。主人有為。未嘗遂意。威武不重。精神俗陋。招人鄙薄。志卑氣容。愛小人。惡君子。君下自賤。一生少得稱懷。與建祿合者。多橫財意外名望之福。正印貴人合。得天恩貴人提攜之福。食神合。衣祿豐餘。飲食厚。元辰大耗合。無禮貌。言清行濁。厚於賤人。侮慢君子。咸池併奸惡。私通不良。貪污之行。與官符併。多招刑獄詞訟。旁牽暗昧。是非天空併動。無成實賤人。欺詒婦人。大忌合中帶煞。咸池玷行。淫聲大耗。必致淫奔。中有貴格者。自賤而貴也。大率合吉神則吉。合凶神則凶。玉井云。合者非只泥三合六合。如酉字有力。或多見。能用寅字亦切。又看己宮却被壞了。酉中辛。寅中丙。方取。大凡亦看暗干與明干。合氣相干取用。名為勾引恩讐。又為牽綰得失。又為顧盼人我。又為呼應前後。又為夫婦有情。又為行藏同道

論將星華蓋 二煞皆三合中取故附於後

將星者。如將劄中軍也。故以三合中位謂之將星。華蓋者。喻如寶蓋。天有此星。其形如蓋。常覆乎大帝之座。故以三合底處得庫謂之華蓋。洞玄經云。將星華蓋張乎庫上是也。凡將星常欲吉星相扶。貴煞加臨。乃為吉慶。理愚歌云。將星若用亡神臨。為國棟梁臣。言吉助之為貴。更夾貴墓庫。純粹而不雜者。出將入相之格也。帶華蓋正印而不夾庫。兩府之格也。只帶庫墓而不帶正印。員郎以上。既不帶墓。又不帶正印。止有華蓋。常調之祿也。帶華印而正建驛馬。名曰節印。主旌節之貴。若歲干庫同位。為兩重福。主大貴。又曰。凡人命得華蓋。多主孤寡。總貴亦不免孤獨。作僧道藝術論。壺中子云。華蓋為術藝星。理愚歌云。華蓋雖吉亦有妨。或為鐙子或孤孀。塡房入贅多闕口。鑪鉗頂笠披緇黃。又云。華蓋星辰兄弟寡。天上孤高之宿也。生來若在時與胎。便是過房庶出者。林開云。印墓同華品格清。重重蘸印即公卿。若還空破臨其位。便是幽閒藝術人。又云。華蓋重重喜。休逢破與衝。性雖頗聰慧。挾術走西東。若還臨旺相。定是作三公。君子值之應獲福。小人生處怕懸針。又曰。凡命時坐華蓋。主平生歇滅。壬癸人尤忌之。主老年喪子。日犯尅妻女命時逢。一生不產。三命云。華蓋怕金木。壺中子云。有重金重蓋格。如庚辰見庚辰。辛丑見辛丑。但逢兩金重見華蓋。更有祿馬秀氣扶持。當封爵。燭神經云。華蓋為庇廕清神。主人曠達。神清性靈。恬淡寡慾。一生不利。則物惟與夾貴併。則為福清貴特達。

論咸池 按此煞須天干納音與地同類方是若只論寅午戌在卯天干納音或不屬火非是此煞亦因三合而取故附於後

淮南子曰。日出扶桑。入於咸池。故五行沐浴之地名咸池。是取日入之義。萬物暗昧之時。寅午戌卯。巳酉丑午。申子辰酉。亥卯未子。即長生第二位。沐浴之宮是也。一名敗神。一名桃花煞。其神主奸邪淫鄙。如生旺則美容儀。耽酒色。疎財好歡。破散家業。惟務貪淫。如死絕。落魄不檢。言行狡詐。遊蕩賭博。忘恩失信。私濫奸淫。靡所不為。與元辰併。更臨生旺者。多得匪人為妻。與貴人建祿併。多因油鹽酒貨得生。或因婦人暗昧之財起家。平生有水厄癆瘵之疾。累遭遺失暗昧之災。此神入命。有破無成。非為吉兆。婦人尤忌之。沈芝云。咸池忌日時。又云。咸池怕水。壺中子云。沐浴臨年。伯夷有首陽之餓。又云。見生值沐浴曰裸形。行年值沐浴曰窮煞。又云。五行最忌沐浴。紫虛局云。風流淫冶號咸池。併年來臨禍應期。酒色相刑三二位。更加神煞血光隨。詳諸書。見咸池非吉煞。日時與水命遇之尤凶。

論六害

因晝夜陰陽之氣感而六合。因六合而生六害。因六害而忌晝夜陰陽之氣。六害者十二支凌戰之辰也。

子未相害者。謂未旺土害子旺水。名勢家相害。故子見未則為害。

丑午相害者。謂午以旺火凌丑死金。名官鬼相害。故丑見午。而午更帶丑干之真鬼。則為害尤甚。

寅巳相害者。謂各恃臨官擅能而進相害。若干神往來有鬼者尤甚。況刑在其中。尤不可不加減災福言之。

卯辰相害者。謂卯以旺木凌辰死土。此以少凌長相害。故辰見卯。而卯更帶辰干真鬼。則其為害尤甚。

申亥相害者。謂各恃臨官競嫉才能。爭進相害。故申見亥。亥見申。均為害。更納音相尅者重。

酉戌相害者。謂戌以死火害酉旺金。此嫉妬相害。故酉人見戌則凶。戌人見酉無災。若乙酉人得戊戌。乙為真金。戊為真火。為害尤甚。

又云。六六親害損也。犯之主六親上有損尅。故謂六害。子未直上穿心。與衝合恩未結而讐已生。乃曰害。如子生人畏午衝而未却去合午。丑畏未衝而午却去合未。寅畏申衝而巳合申。卯畏酉衝而辰合酉。申畏寅衝而亥合寅。酉畏卯衝而戌合卯。所以皆為害也。凡人帶此。再見羊刃劫煞官符。為災尤甚。

又曰。寅巳亥申值生旺則主神潔貌俊。好爭奪。喜激作。值死絕則多謀少成。強學人做事。兀兀趨進不厭。入貴格則有操守。善機權。入賤格則多詐。受貪鄙吝。又云。申亥重得五岳。當慎傷殘。寅巳兩關。四體必憂廢棄。卯辰午丑。如生旺主好勝多怒。嚴毅不忍。死絕主毒害傷慘。傾覆之事。入貴格則主大權。司刑典獄。入賤格。謀生於不義之地。子未生旺死絕皆不利六親骨肉。入貴格多妻妾之累。入賤格孤獨無倚。戌酉如生旺不容物。多剛戾。死絕酷狠。憎善妬能。入貴格羅枝無辜。結搆入訟。頗多奸佞。入賤格殘害陰狡。性佞不良。

凡六害入命。大率主妨害孤獨。骨肉參商。財帛漂泊。女命尤忌。兼起命宮看之。落何宮分。逐宮詳斷。珞琭子云。六害之徒。命有七傷之事。金書訣曰。六害之人忌日時。老年殘疾苦何依。又逢羊及神相蝕。不中鋒鋩虎亦欺。可見命犯六害。大忌干支相傷。日時上最緊。身命宮次之。便是貴格。貴自貴。害自害。兩不相掩。

論三刑

陰符經曰。恩生於害。害生於恩。三刑生於三合。亦如六害生於六合之義。如申子辰三合。加寅卯辰三位。則申刑寅。子刑卯。辰見辰自刑。寅午戌加巳午未。則寅刑巳。午見午自刑。戌刑未。巳酉丑加申酉戌。則巳刑申。酉見酉自刑。丑刑戌。亥卯未加亥子丑。則亥見亥自刑。卯刑子。未刑丑。合中生刑。猶人夫婦相合。而反致刑傷。造化人事。其理一而已矣。經云。金剛火強。自刑其方。木落歸本。水流趨東。故巳酉丑金位。其刑皆在西方。寅午戌火位。其刑皆在南方。是金剛火強。自刑其方也。亥卯未木位。其刑皆在北方。亥者木之根。言木落歸本者。草木至冬而搖落歸根之謂也。申子辰水位。其刑皆在東方。辰者水之府。言水流趨東。必東流逝而不返也。子卯一刑也。寅巳申二刑也。丑未戌三刑也。

或曰。三刑之法。以數起之。皇極中天十為煞數。積數至十則悉空其數。天道惡盈。滿則覆。故數自卯順至子。子逆至卯。極十數而為無恩之刑。寅逆至巳。巳逆至申。極十數而為無禮之刑。丑順至戌。戌順至未。極十數而為恃勢之刑。七則衝。十則刑。六則合。一理之自然也。然寅巳申何以謂之無恩。蓋寅中有甲木。刑巳中戊土。戊以癸水相合為妻。則癸水者甲木之母也。戊土既為癸水之夫。乃甲之父也。彼父而我刑之。恩斯忘矣。巳中之丙刑申中之庚。申中之庚刑寅中之用。准此同義。又云。寅有生火。刑巳上生金。巳上寄生之土。刑申上長生之水。申中生水。刑寅中生火。不恤所生。遞相尅制。故曰無恩。生旺主人恃重少語。寡慾無情。多招失義忘恩之撓。死絕則面譽背毀。忘恩失義。入貴格則慘虐好殺。好立功業。入賤格則言行乘越。貪吝無厭。若婦人得之。多產血損胎之災。一生不利骨肉。性頗廉正。

丑戌未何以謂之恃勢。蓋丑中有旺水。丑乃水中之土。戌中有墓火。戌為六甲之尊。未為六癸之卑。戌恃六甲之尊。刑未六癸之卑。夫有旺土。復恃勢刑丑中之旺水。又云。未恃丁火之勢。以刑丑中之金。丑恃旺水之勢。以刑戌中之火。戌恃辛金之勢。以刑未中之木。故曰恃勢。生旺主人精神意氣雄豪。眉粗面闊。以直攻人。死絕形露瘦小。精神乖狡。是非賤佞。樂禍幸災。入貴格則公清平正。人多畏懼。入賤格則多犯刑責。暗昧之災。若婦人處之則有妨害孤獨。

子卯何以謂之無禮。子屬水。卯屬木。水能生木。則子水為母。卯木為子。子母自相刑。又卯為日門。子為陽之所生。日出於卯。子卯角立。無欽畀之道。不恤所以相生。遞相刑害。故曰無禮。又云。子中獨用癸。小癸用戊土為夫星。而敗於卯。所以子刑卯。卯中獨用乙木。乙用庚金為夫星。而死於子。所以卯刑子。此二家因夫見刑。女命見之尤為不良。故曰無禮。

生旺主人威肅。面無和氣。氣強性暴。太察不容。死絕則侮慢忽畧。狹劣刻剝。少孝弟。害妻子。吳越六親。入貴格則多掌兵權。不利近侍。位居不久。入賤格。則悖逆凶暴。多招刑禍。

辰午酉亥何以謂之自刑。謂寅申巳亥有寅巳申互相形。內有亥無刑。辰戌丑未。有戌丑未互相刑。內有辰無刑。子午卯酉有子卯互相刑。內有午酉無刑。是以此四位謂之自刑。蓋無別物相加。乃曰自也。又云辰者水之墓。溢則盈。午者火之旺。暴則焚。酉者金之位。剛則缺。亥者木之生。旺則朽。各稟已盛太過之氣。而自致禍。故曰自刑。生旺則沉靜內毒。形容劣弱。死絕則深毒輕忽。察見淵魚。多肢節平足之災。入貴格則機變權謀。入賤格則多憂頑愚不情自害。帶詰凶煞。非令終也。婦人主淫蕩凶折之災。

此刑有四等名目。而獨曰三刑者。取四衝四極四庫。各缺其一。則欹而不正。三者各自相推。不齊用心。故云三刑也。三車一覽。以寅巳申為恃勢。以三宮中各有長生臨官之神。丑戌未為無恩。以三位皆屬土比和為兄弟。其說亦通。

凡見刑不可便以凶論。須看五行中有無吉辰旺相官星印綬貴神德福等物。有此諸吉相扶相助。刑不為害。而反為用。如無諸吉相助。更帶亡劫天中羊刃等煞。以惡濟惡。禍不可言。又云三刑怕金鬼。谷遺文曰。君子不刑定不發。若居仕路多騰達。小人到此必為災。不然也被官鞭撻。壺中子云八字無格以扶持九命。有刑而駁雜。或作閒巷之輩。或為市井之徒。詳此論可表君子得之吉。小人得之凶。辰午酉亥四字。全而得聲神壓之當為貴為權。最嫌者辰見辰。午見午。酉見酉。亥見亥。若更有惡煞相併。最為不良。沈芝云自刑帶煞不為良。年月形虧定見傷。不是獄中憔悴死。便因刀劍刃頭亡。又云帶辰午酉亥全。中年失明。又云自刑怕火。若刑中有制。未可便以此論。洞玄經曰。酉酉惡其太剛。火殺其刑者何憂。午午惡其人暴。水咸其勢者無咎。木並生而勢減（言辰見辰也）水冷流而溢漲（言亥見亥也）木落由衰。水流非旺。是也。凡命有官星印綬者。須用官印來刑則吉。若官印被命刑則凶。指迷賦云官刑命真莫救。命返刑官官印受刑。雖貴非我即夷。一行禪師云甲子己卯有一說。正印鳳池訣丙寅辛巳亦同。然三公祿位遷甲子見己卯。丙寅見辛巳。是官印刑命為吉。

又曰。凡命三刑。全須分刑得入刑不得入。以年為主。日月時為客。如主刑客。刑得入為貴。刑不入即賤。若客來刑主。須是刑不入。方為貴格。刑得入者即賤。假令丑刑戌。看是何丑何戌。如乙丑刑庚戌。是同類相刑不吉。刑丙戌壬戌則相生相刑。不以刑論。戊戌甲戌。是相尅相刑。戊戌刑得入。甲戌刑不入。更看禍福所生之地如何。如戊戌福聚之地。卻乙丑來刑。則大吉。若刑不入福聚之地。不為貴命。看餘准此推

經云。凡命定其無刑。先論太歲。蓋言人命惡見三刑。若月日時帶刑。而太歲不干預者不論。故曰先論太歲

又云。以煞止煞。多掌兵刑之任。蓋言太歲受刑而別刑卻乃制刑。太歲者假令癸巳生人。得戊寅日。卻得庚申時之類。蓋癸巳為戊寅所制。得庚申木卻制戊寅之土。本有刑而卻無刑。故曰以煞止煞。

古歌云。三刑之位帶三司。天乙兼得在日時。刑若等分干遇德。官居極品定無虧。可見三刑要相等。更帶三奇貴人天德為吉

玉井云。相刑法聚斂精華。非刑不可閉藏用神。非刑不可財官氣實。非刑不可生合氣絕。非刑不可宜往宜歸。非刑不可或假或真。非刑不可双煞伏藏。非刑不可鄙吝滯留。非刑不可。又云刑害之具或太過。又有支神轉能刑其刑害之具。重者俗而不秀。秀而不奇

或曰。三刑刑上刑下。自刑也。如子刑卯。卯為刑下。子為刑上。丑刑戌。戌為刑下。未為刑上。寅刑巳。巳為刑下。申為刑上。此說更好。

論衝擊對面相衝之氣謂之一七煞者是也

地支取七位為衝。猶天干取七位為煞之義。如子午對衝。子至午七數。甲逢庚為煞。甲至庚七數。數中大則合七則過。故相衝擊為煞也。觀易坤元用六。其數有六無七。七乃天地之窮數。陰陽之極氣也。今書皂字從七本此。蓋色至於皂。色之極矣。不可變矣。易曰七日來復。勿逐七日得。是也。相衝者十二支戰擊之神。大概為凶。然有為福之甚者。乃衝處相生。如辛巳金見癸亥水之類。主聲望播流。高明出衆。科甲崢嶸。若衝處相尅。如壬申金見庚寅木之類。主人神清貌俊。標韻脫俗。軒昂洒落。上視仰面而行。[illegible]人神剛貌肅。膽氣壯。倜儻敢為。多成敗。死絕則寒酸鄙薄。形容乖劣。動招凶辱。多夭折。若辰戌丑未[illegible]衝所藏者。十干財官印綬等物。尤喜衝激。若寅申巳亥全。子午卯酉全。反成大格。不以衝擊論。若同類相衝者。如甲子見甲午。己卯見己酉之類。主多破祖業。平生心不閑。剛明有斷。假令祿高名重。終有一失。

[illegible]

又曰、凡遇一七煞。命吉則衝發。命凶則為禍。如禍聚之地。有他位來衝。謂之破禍成福。如福聚之地。逢他位來衝。則破福成禍。如犯空亡。有下位來衝。亦為破禍成福。年月日時值此。必作食祿之人。若月衝日時。時衝年。名仇讐煞。主與人無恩。多得憎嫌。或長病。或暴卒。帶劫煞亡神相衝。主犯刑。若在死絕處。主廢病多疾。帶貴煞入局。有秀氣科名者。多入臺諫。終惡疾而灾。帶元辰空亡相衝。不下賤則貧寒。五行枯瘁則賤。帶秀氣有虛聲。王井云。相衝法吉。象宜來衝我。凶象我欲衝他。如子午相衝。須取用神為我。閑神為他。又看用神有氣耶。有扶耶。閑神有氣耶。有扶耶。沈芝云。破印。破財。併破祿。破馬。少曾為我福。更加破合日時。衝疾非手足。即頭目。破印者。如木人帶癸未丙。有乙丑金之類。破財者。如金人以寅卯為財。見申酉之類。破祿者。如甲祿在寅。見申字之類。破馬者。如馬在巳。見亥字之類。破合者。乃干合被支破。如甲午人見巳亥。或見巳字。即破巳亥。逢子破甲午合之類。詩云。相衝還是自相生。集來帝座位無刑。更得華蓋兼權煞。為官清顯統雄兵。又云。相衝相去要長生。健旺之時祿更亨。貪（貪狼、武曲）若更臨時煞。為官清貴掌雄兵。又云。生旺連綿見吉神。更兼一七又為隣。看看直入朝堂去。權領兵符助聖明。又云。四衝生處自貧寒。更值凶神不足看。一種邪心忻作賊。父嘗嗔恨子相瞞。觀諸詩見衝破有吉有凶。不可概論。

育吾山人著

論十干祿 祿前二辰為金轝倫人得祿須坐祿車也故附於後

祿。爵祿也。當得勢而享。乃謂之祿。自始分十干十二支時。使以甲乙。配同寅卯。居東。丙丁。配同巳午。居南。庚辛。配同申酉。居西。壬癸配同亥子。居北。十干。就支神為祿。謂祿隨旺行。所以甲祿寅。乙祿卯。庚祿申。辛祿酉。壬祿亥。癸祿子。丙祿巳。丁祿午。戊寄巳。己寄午。謂巳午。乃火母之鄉。子隨母得祿之義。内有辰未丑戌為魁罡。名曰邊鄙惡地。祿元不寄。丑未乃天乙貴人出入之門。祿元避之。所以四宮無祿。又曰四季無雜氣。為祿不專。故不取。

甲祿寅。如甲見丙寅。甲土尅丙水為財。為福星祿。戊寅火土相生。為伏馬祿。俱吉。庚寅謂之半祿。半吉半凶。壬寅謂之正祿。帶截路空亡。必為僧道。甲寅謂之長生祿。大吉。

乙祿卯。見乙卯。謂之喜神旺祿。主吉。丁卯為截路空亡。主凶。己卯進神祿。辛卯破祿。又為交神。半吉半凶。癸卯帶太乙死祿。雖貴終貧。

丙祿巳。見己巳。九天庫祿。主吉。辛巳截路空亡。癸巳伏貴神祿。半吉半凶。乙巳旺馬祿。丁巳庫祿。俱吉。

丁祿午。見庚午。截路空亡。凶。壬午。為德合祿。甲午為進神祿。俱吉。丙午喜神祿。交羊刃。半吉。戊午伏羊刃祿。多凶。

戊祿巳。見己巳。九天庫祿。主吉。辛巳截路空亡。癸巳貴神祿。戊癸化合。有官位重。乙巳驛馬同鄉祿。丁巳旺庫祿。俱吉。

己祿午。見庚午。截路空亡。壬午死鬼祿。俱凶。甲午進神合祿。顯達之象。丙午喜神祿。戊午伏神羊刃祿。凶。

庚祿申。見壬申。為大敗祿。甲申截路空亡祿。俱凶。丙申大敗祿。多成敗。戊申伏馬祿。多滯。若值福星貴。吉。庚申長生祿。大吉。

辛祿酉。見癸酉。伏神祿。水火相犯。凶。乙酉破祿。成敗。丁酉空亡貴神祿。丁木受氣。辛水沐浴。主姦淫事。值喜神吉。己酉進神祿。辛酉正祿。俱吉。

壬祿亥。見丁亥。貴神合祿。乙亥天德祿。己亥旺祿。辛亥同馬鄉祿。俱大吉。獨癸亥大敗祿。貧薄。

癸祿子。見甲子。進神祿。主登科進達。丙子交羊刃祿。帶福星貴。有權。戊子伏羊刃。合貴祿。半吉。庚子印祿。吉。壬子正羊刃祿。凶。

有生成祿。甲乙人得甲寅乙卯之類。

有名位祿。甲人見丙寅之類。

有真祿。甲人見丙戌巳。乙人見巳戌午之類。皆為貴格。

有進退真祿。戊辰見丁巳。戊午見丁巳。丙辰見癸巳。丙午見癸巳。癸亥見甲子。癸丑見甲子。壬戌見癸亥。壬子見癸亥。進則平易。退則艱難。更帶福神。可作貴命。怕重見。

有祿值會合。甲祿寅而得庚戌之類。

有食神祿。帶壬食甲而得甲寅。癸食乙而得乙卯。戊食庚而得庚申。己食辛而得辛酉。主吉。

有食神合祿。甲食丙得丙申丙寅。乙食丁得丁未丁卯。庚食壬得壬辰壬子。辛食癸得癸巳癸丑。八位俱主吉。

有祿頭財。為絪縛煞。甲人見戊寅。乙人見己卯之類。主人富有聲望。

有祿頭鬼。為赤口煞。甲人見庚寅。乙人見辛卯之類。主口舌刑責。

有旬中祿。甲申中見庚寅。戊午見丁巳之類。主清華要職。

有天祿貴神。如丁人祿在午。遁至平上得丙字。而丙貴在酉亥。得辛酉辛亥。則辛貴復見於午之類。入格極品。

有干支合祿。如甲祿寅。得甲寅己亥。乙祿卯。得乙卯庚戌之類。主官職崇重。

有互換貴祿。庚寅見甲申日時之類。

有朝元祿。如寅人見甲日時之類。或朝於胎中尤貴。

有朝元夾合。如癸巳見戊辰戊午。而戊與癸合。夾巳戊祿巳之類。主封爵。

有祿入祿堂。理愚歌云。祿入祿堂須大拜。李虛中以甲人得甲戌。以甲為歲干。則甲之本位遁至戌。謂之祿堂。辛壬有二位。辛有辛卯辛丑。壬有壬寅壬子。五行無尅。諸位相助。發福必大。

古人云。祿前二辰為背。祿後二辰為向。況斗取建向近合四字為貴。建不如向。遁不如合。四字中得兩字者貴。如甲祿寅。以寅為建。丑為向。卯為近。亥為合。餘准此。餘皆一位忌三合六合。上見刑見鬼。以甲戌言。鬼在丑上則可畏。以丑刑戌。在未則不忌。以戊刑未。以乙酉言。鬼在巳上為害。以三合相會。在辰則減福。以六合相親

三命通會卷之三　　育吾山人著

論十干祿

[illegible]

[illegible]

大建祿者，主人肌厚氣實，體格不清，一身安逸，足財利。生旺則然；死絕則氣濁神慢，蠢為生吝嗇很鄙。與元辰併，因穫滿得財，復因此敗；與官符併，因官門得財，或多爭訟；與劫煞併，好賤技，小商，不義橫財；與天中併，多遺失破財；與祿鬼倒食併，多因驕貧牙儈得財，至死不通，惟財是念之人。

又曰：庫者，祿之聚。如甲乙在未，丙丁在戌，戊己壬癸在辰，庚辛在丑。如甲乙亥多而得未，乃祿厚豐足之人。合者，祿之積。如甲祿寅而得亥，謂之明合；無寅得亥，謂之暗合。雖非見祿，亦曰見祿，多主儻來之福。拱者，祿之尊。如甲祿居寅，不見寅而見丑卯在兩傍，謂之虛拱；如甲人見寅，又見丑卯在兩傍，謂之實拱。然拱實不若拱虛，主大富貴。

凡人命帶祿，或吉或凶，或貴或賤，未可全靠，便為吉論。天乙妙旨云：君不見祿馬貴人，無准托，考究五行之善惡。天元雖弱未為災，地氣堅牢足惟樂。源髓歌云：祿馬更有多般說，自衰自始兼敗絕，若無吉煞加助時，定知破祖多浮蕩。可見先論五行，後看祿馬。五行要生旺，祿馬始衰絕。司馬季主云：祿多馬少，後主神勞；祿少馬多，能操善貨。洞玄經曰：甲以寅祿，庚主木，非為祿可以興騰，有時乎無用。可見命之見祿，要簡不要繁。要祿干不返傷本主，不犯梟神為佳。

又曰：凡命帶祿，最怕犯衝，謂之破祿。如甲以寅祿見申，乙以卯祿見酉，則氣散不聚，貴人停職剝官，衆人衣祿不足。源髓歌云：破印破財併破祿，破祿破馬少曾為我福，是嫌衝也。最怕落空，謂之閑祿。如甲辰旬空寅卯，卻得寅為甲子祿。古人云：資財聚散祿居空，胎裏生時怕遇逢，貧賤為奴多吃食，飄飄身自從西東。沈芝云：祿入空亡何所知，虛名虛譽足堪嗟，是嫌空也。

大抵命人格合造化，亦不專在祿上。

論金轝

轝者，真也；金者，貴之之義。譬之君子居官得祿，須坐車以載之，故金轝常居祿前二辰。如甲子人祿在寅，辰為金轝是也。此煞乃祿命之旌旗，三才之節越，主人性柔貌愿，舉止溫克，婦人逢之，不富即貴，男子得之，多妻妾，陰福相扶持。生日生時遇之為佳，骨肉平生安泰，得賢妻妾，子孫茂盛，如皇族多帶此煞，常格得之，身在無氣中，坐主作贅。紫虛局云：祿前二辰號位，生火以圓融之，然後陰中陽動而生，亥卯未木屬也，金藏其中矣，遇巳位生金，以橐籥之，然後動者靜而斂者散。巳酉丑金屬也，木藏其中矣，遇亥位生木，以斂禁之，然後斂者散而屈者伸，由是水火木金錯綜往來，因時動靜，內外相感，互為利用，進則與時偕行，退則與時偕極，然則古之強名驛馬者，皆此例也。是特舉其一隅而已，苟以三隅反，則理歸一揆，不必執寅午戌申、申子辰寅，然後為馬。凡水中火騰，火中水降，陰陽交泰，剛柔變通，皆為馬類。希夷曰：古人謂當行要易變通，奔衝往來之際，惟驛馬為然。火局在申，水局在寅，金局在亥，木局在巳，蓋五行之氣，當其相反處，乃始衝激，故火馬必在水長生處，水馬必在火長生處，木金亦然，此其義也。徐子平以財為馬，亦是因古人之義，取趨處而名之耳。

燭神經云：驛馬生旺，主人氣韻疑峻，通變超時，平生多聲望；死絕則為性有頭無尾，或是或非，一生少成，漂泊不定。與祿同鄉，則福力優游；與煞相衝併，或孤神弔客喪門併者，離鄉背井之人，或為僧道，或為商賈；帶倒食祿鬼者，一生慳吝，機倖過賤，市廛態；與食神衝併者，聲譽人也。行年遇馬，與病符同，主病驚；與金轝遇，此之人福最殊，倡主聰明，多富貴，一身清泰，亦無虞。八字金書云：驛馬前辰居二位，此名金轝在其中，生於此處併行運，到老為官轉自通。是又以馬前二辰為金轝，若人命官貴夾擁，金轝引從，主大貴；若金轝見福貴併將星者，妙。

論驛馬 後一辰為攀鞍，喻人乘馬須加鞍也，故論馬要攀鞍

所謂驛馬者，乃先天三合數也。先天寅七午九戌五，合數二十有一，故自子順至申，凡二十有一，而為火局之驛馬。亥卯未之數四六與八，合為十八，故自子順至巳，凡十八，而為木局之驛馬。木火陽局也，從子一陽順行；金水陰局也，從午一陰逆行。申子辰之數七九與五，合為二十有一，故自午逆至寅，凡二十有一，而為水局之驛馬。巳酉丑之數四六與八，合為十八，故自午逆至亥，凡十有八，而為金局之驛馬。此法之所由立也。或以馬有傳受之氣，有代勞之功，如人病不能赴，待子來接，故病處見子為驛馬。又曰：驛馬者，五行有為待用之氣，強名也。陰陽倚伏，氣令循環，猶令之置郵傳命，迎來送往，氣藏如驛，氣動如馬。寅午戌火屬也，水藏其中矣，遇申位生水以發越之，然後陽中陰動而化。申子辰水屬也，火藏其中矣，遇寅官符同，主官事驚恐，入宅舍主口舌驚恐，但以戊申吉凶言之。

寅戊戌生人馬在申，而五陽干乘之。見甲申截路空日馬，丙申大敗馬，戊申福星伏馬，庚申逢天關馬，壬申大敗馬。又名方馬，主平生奔走，財帛散減，如壬申甲申丙申戊申四馬，多疾，再沉再起，招是招非。以上巳酉丑申年月時發應。

申子辰人馬在寅，而五陽干乘之。見甲寅正祿文星馬，丙寅福星馬，戊寅伏馬，庚寅破祿馬，壬寅截路馬。以上亥卯未

寅年月日時發應。

己酉丑人。馬在亥。而五陰干乘之。見乙亥天德馬。又名驛馬。以馬中支生干。主泪沒無成。徒自聰明。又名總驛。丁亥天乙馬。是臨官馬。

己亥旺祿馬。是生馬。辛亥正祿馬。又名病馬。癸亥大敗馬。又名臨官馬。以上申子辰亥年月日時發應。

亥卯未人。馬在巳。而五陰干乘之。見乙巳正祿馬。丁巳旺氣馬。己巳九天祿庫馬。辛巳截路馬。一云貴人半吉。一云直貴。癸巳天乙伏

馬。一云直貴人大吉。以上寅午戌巳年月日時發應。

凡柱中帶馬。若不值空亡破敗。交退伏神。須榮貴。五祿共天乙貴神同其馬。位更得諸煞相併。官兼大權。貴居廊廟。時

為上貴。日為中貴。月為常庶。庫馬主少年之喜。旺馬資壯歲之榮。生馬老方得遂。而官卑任遠矣。如木主亥。旺卯庫未

餘做此。珞琭子云。生馬未必有馬。背祿未必無祿。看其旺庫。不問背生。妙在消息盈虛也。

又曰。驛馬者。三命中發用喜慶之神。若人遇之。君子常居榮位。小人主豐饒。大小運行年至此。主得官及遷改之喜。小

運及行年合驛馬。並主遷官得祿。如甲子人驛馬在寅。小運及太歲至亥。亥與寅合之類是也。

又馬有十二　一曰。欹跛。謂已酉丑人得壬亥。亥卯未人得丙巳。申子辰人得甲寅。寅午戌人得戊申。

二曰蹶蹄。謂四柱雖帶驛馬。而生日值空亡之神。

三曰折足。謂胎月帶驛馬。而日時帶驛馬者。是申子辰全見寅為馬。是三人騎一馬。謂之折足。若亥卯未全見馬。縱有

官貴。終成下賤。若一辰坐者。少年雖泰。後還貧窮。　四曰無糧。謂生日值馬。馬食太歲。如甲子人得壬寅日。而時更落在

空亡者是。　五曰不出廄。謂胎月帶馬。不見貴。及不見祿堂。反入空亡者是。　六曰嘶風。缺。　七曰趁途。謂驛馬雖

有祿在空亡　八曰馱屍。十二驛馬。惟馱屍最凶。見祿即屍。甲子旬中己酉丑生人。馬在亥。乙亥人丁亥己巳人乙亥

癸酉人癸亥。乙丑人得亥馬。忌寅月日時。己巳人得亥馬。忌申月日時。癸酉人得亥馬。亦忌寅月日時。有一在此。名曰

馱屍。亦如亥卯未。是甲午旬中。乙未人辛巳。己亥人己巳。癸卯人丁巳。乙未人得巳馬。忌寅月日時。己亥人得巳馬。忌

申月日時。癸卯人得巳馬。亦忌寅月日時。皆馱屍也。餘旬準此。　九曰食芻。謂驛馬剋其時。假令驛馬屬金。生時得木

此類。謂之食芻。　十曰乘軒。謂胎月生日帶祿馬。假令甲申人得庚寅甲寅時。及庚寅胎月是。　十一曰乘芻。謂有天

地得合。見太歲生月日時。見貴人驛馬。假令丁亥生人四月壬寅日己酉時。月坐馬。酉係貴人是。　十二曰無鑾。謂貴

神空亡。祿在絕鄉者是。

以上十二驛馬。當以意消息災福。自見欹跛則平生坎坷。止作選人。無糧不食天俸。不出廄則不歷任所。折足則永失

蹶蹄。則復起無鑾。則一身孤寒。食芻則官可六品。嘶風徒有虛聲。趁途謾勞求祿。乘芻則常職。乘軒則三公。馱屍則得

官即亡。

有干支合馬。如申子辰馬在寅。甲寅見己亥合。丙寅見辛亥合。主官職崇重。

有馬頭帶劍。謂驛馬上見庚辛。或納音見金。主名振邊疆。

有馬騣天庭。謂木人得亥。而見辛亥。又馬上干逢得祿。如六壬人主居寅午戌之位。於甲上遁得戊干。戊之祿在巳。巳

係天庭。復見巳得酉合之。為是。主官居極品。

有馬從二辰。為九地馬。主職近王庭。

有天馬貴神。乃歲中不見驛。五虎遁至馬上。看得何干。其干見天乙。而天乙所坐之干。却復見貴於馬上是也。貴不下

三品。

有一木轝雙馬。寅午戌多見丙申。申子辰多見庚寅。巳酉丑多見己亥。亥卯未多見癸巳。馬上干剋支。主多驚險。若遇

四馬聚於時。或年上。主封爵。

又驛馬下生人月日時支干。得御策全併剋身者。定貴。馬前一辰為御。後一辰為策。假令甲子金命。正月辛丑日卯時

生。以子人馬在寅。逢祿。又本命子與生日丑在馬後為策。卯時在馬前為御。又馬是丙寅火。能剋甲子金。故主貴。

有自驛有馬者。主位至公侯。干為馬。支為驛。如戊戌人馬在申。而得庚申。支干俱屬金。到申臨官。戊戌土到

申長生。本命及驛馬支干。背馬有氣。是有驛有馬。又如壬午人驛馬在戊申。戊土臨申長生。本命壬水到申亦長生。

午火到申為衰鄉。本命干旺支衰。是有馬無驛。又如丁丑人驛馬在辛亥。金臨亥為病鄉。本命丁火到亥為絕。以丑

土到亥為臨官。本命干衰支旺。驛馬干亦衰。是有驛無馬。或以寅午戌見庚無申。見申無庚之類。為有馬無驛。有驛

無馬。亦通。

有馬剋身者。取驛馬之辰。能制生月。如寅午戌人馬在申。申屬金。能制寅卯月木。假令甲子人在辰戌丑未月是也。主

有馬[illegible]寅午戌人馬在申[illegible]甲子人在[illegible]

[illegible]

有一木[illegible]

三品

有天乙貴神[illegible]

有[illegible]

有[illegible]

[illegible]

三命通會　卷三　三

[illegible]

三曰祿神[illegible]

又有十二　一曰[illegible]

運入[illegible]

大曰驛馬[illegible]三命中[illegible]

[illegible]

凡[illegible]

[illegible]

寅年月日時[illegible]

官祿易求，仕宦無滯，少年享快，為官清顯，常人遇之，小富。

有馬財庫，取驛馬所尅之辰入墓，如馬在申，申屬金，金尅木，木至未為庫之例，主平生遊歷四方，廣得資財。

有英靈貴馬，乃五行真氣之長生，下遇驛馬，主持節按部之使。

有南方離明馬，謂未馬，巳丑馬，亥辰馬，寅戌馬，申辰戌丑未係土之位，以生處為馬，故辰戌丑未人，飛在午，為南方離門之馬，遇此者愛子午相衝，為飛馬，見鞭策，入格上貴。

有驛馬清濁，甲子得丙寅祿馬同鄉，又丙為食神，乘長生馬，丁丑得丁亥，為天乙天官，乘臨官馬，若乘長生臨官馬或帶食祿貴氣，則還一富；若乘病絕空亡馬，更值破敗交退伏神，則遇而不遇，縱為官粗濁卑賤，非清要之職。

又曰：凡看驛馬，有四要，名位、生旺、病絕、馳寶、啷花。又例食五換不同，中間好惡榮辱，須於歲運鞭策細詳之。四專者，如申子辰馬在寅，寅逢甲寅，申遇庚申，巳逢丁巳，亥遇癸亥是也。名位者，乃馬中逢食神，如甲見丙，乙見丁之類，馬上得食是也。四生者，辛巳、甲申、己亥、丙寅，納音自生是也。四病，乃自死自絕，如年納音屬金，金絕在寅是也。馳寶者，乃甲子見戊寅，馬頭正天財，或納音尅馬為財，如食神之類，如甲寅人見丙申，甲申見丙寅日時是也。啷花者，乃納音臨官遇馬，如庚申壬子戊辰納音皆木，遇寅馬臨官之地是也。又生成馬、名位馬，與前論祿同，主貴。

凡人遇馬，喜專旺，而嫌空亡，駁雜為不達，惡死絕，而喜逢食，見財為有益，商賈多發，馳寶婦女最怕啷花，馳寶則富，啷花則淫，啷花更忌木人值庚寅，乙亥見乙巳，丁卯見丁巳，己未見己巳，九重男多淫蕩，女多私情，運中遇者同前斷。

又曰：驛馬最怕干神倒食，如乙酉見癸亥為驛馬，卻被反食於我，所謂乙癸不同科是也。鞭策發時看互換，如辰人馬在寅，或太歲在申，衝動寅，即太歲為鞭策；小運在申，即小運為鞭策，多主動，更看申與寅互換如何，如庚申遇甲寅，庚申屬木，寅則臨官，甲寅屬水，申則長生之類，相和則吉，相尅則滯，如兩互換無氣則空動，或失意；有氣即主財。四馬朝元，好則舉貴，惡則破家失業，如為僧道，好遊腳。小兒老人，不利見馬，小兒十二歲以前，三歲以上，或馬遇小運太歲衝，故臨官馬，遇多主驚病顛撲之危；老人五十以上，或運與太歲乘之，主氣虛腰痛腳痛之患，亦如老人祿遇病，多吐食之類。少者見之，多發病，蓋老少並不堪乘馬，以馬在五行中，為動躍之神故也。

總論祿馬

祿為養命之源，馬是扶身之本，二者最喜相見。且如寅午戌馬在申，甲祿在寅，甲干寅上遁見丙，申上遁見壬，則以丙為天祿，壬為天馬，在日時上交互見之，謂之天祿天馬。又甲人遁至戌，見甲戌，謂之活祿；甲子人遁見丙寅，謂之活馬。又如寅午戌在申，而時干得庚；亥卯未在巳，而時干得丙；申子辰在寅，而時干得甲；己酉丑在亥，而時干得壬，以日支求時干，以時干求日支，互換得之，謂之祿馬交馳。又如甲祿在寅，申子辰馬亦在寅，卻是甲子甲申甲辰生，而時得丙寅帝座，上會祿馬，謂之祿馬同鄉。又如祿前馬後，如辛巳人得戊日時，乙亥人得辰日時，辛祿在酉，馬在亥，乙祿在卯，馬在巳，不見祿馬，而祿馬藏於其中，謂之夾祿夾馬。鬼谷遺文曰：時居日祿，當得路於青雲；五馬交馳，可致身於黃閣。珞琭子云：背祿逐馬，守窮途而恓惶；祿馬同鄉，不三台而入座。韓琠命書有孤孀祿馬之說，如甲子見丙寅，庚午見壬申，此雖祿馬同鄉，殊不知甲子乃一陽，乙丑二陽，丙寅三陽，純陽無陰也；庚午乃一陰，辛未二陰，壬申三陰，純陰無陽也。此二者謂之孤孀祿馬，雖同鄉亦不吉。理愚歌曰：祿馬飛天無刑尅，旺相中生須至貴。林開曰：馬在長生須富學，祿逢帝旺足錢財，若遇刺死兼流役，是帶懸針劫煞來。又曰：祿若臨時馬不來，此人只是有錢財，一生恥話招賢士，死絕關門誓不開。詳諸說，見祿馬兼有，又乘牛圮為妙。

論天乙貴人

天乙者，乃天上之神，在紫微垣閶闔門外，與太乙並列，事天皇大帝，下遊三辰，家在己丑斗牛之次，出乎己未井鬼之舍，執玉衡較量天人之事，名曰天乙也。其神最尊貴，所至之處，一切凶煞隱然而避。通玄經云：先天坤在北方子位，陽貴起先天之坤，先從子上起甲午，甲德在子，甲與己合，不取甲德而取合氣，故己為貴人。陽貴順行，則乙德在丑，乙與庚合，庚以午為陽貴；丙德在寅，丙與辛合，辛以虎；丁德在卯，丁與壬合，壬以兔；辰乃天羅，貴人不臨，故戊跳辰，德在巳，戊與癸合，癸以巳午與子對衝，名為天空，貴人有逆無對，故己德跳午在未，己與甲合，甲以羊；庚德在戌，庚與乙合，乙以猴；辛德在酉，辛與丙合，丙以雞；戌乃地網，貴人不臨，故壬跳戌，德在亥，壬與丁合，丁以豬；子乃先天起貴之所，貴人不再臨，故癸跳子，德在丑，癸與戊合，戊以牛。如此則甲戊庚牛羊，六辛逢馬虎明矣。後天坤在西南申位，陰貴起後天之坤，乃從申上起甲子，甲德在申，甲與己合，己以猴，陰貴逆行，則乙德在未，乙與庚合，庚以羊；丙德在午，丙與辛合，辛以馬；丁德在巳，丁與壬合，壬以蛇；辰乃天羅，貴人不臨，故戊跳辰，德在卯，戊與癸合，癸以兔；寅與甲對衝，名曰天空貴人

有獨無對。故己德跳寅居丑。己與甲合。甲以牛。庚德在子。庚與乙合。乙以鼠。辛德在亥。辛與丙合。丙以猪。戌乃地網。貴人不臨。故壬跳戌。德在酉。壬與丁合。丁以雞。申乃從天起貴之處。貴人不再臨。故癸跳申。德在未。癸與戊合。戊以羊。以此推之。則甲戊庚貴人之居丑未。而於先後起陰陽者亦明矣。然必皆起坤者。貴人家在己丑。出乎己未。先後俱屬王。乃坤卦二五黃中之合氣。干之配支德氣相合。出於自然如此。其曰陽貴陰貴。乃冬至用陽。夏至用陰。非晝夜之說。據此說。天乙是十干之秀氣。非天上之星也。余聞一術者云。日出於寅。眾星皆落。日沉於申。眾星皆出。故晝貴起於寅。夜貴起於申。數至丑未。是天乙之家。舍十干見天乙為貴。如甲祿寅。以寅加寅順數至丑。即為本家。故甲貴在丑。乙祿卯。以卯加寅數至子。見丑。故乙貴在子。丙祿巳。以巳加寅數而戌見丑。戌為惡弱之地。天乙不臨。則准一位。故丙貴寄亥。丁祿午。以午加寅數至酉見丑。故丁貴在酉。戊寄位於艮。故戊亦以寅起。與甲同。己寄位於坤。以未加寅數至申見丑。故己貴在申。庚祿申。以申加寅數至未見丑。故庚貴在未。辛祿酉。以酉加寅數至午見丑。故辛貴在午。壬祿亥。以亥加寅數至辰見丑。辰為惡弱之地。天乙不臨。則進一位。故壬貴在巳。癸祿子。以子加寅數至卯見丑。故癸貴在卯。夜貴以申起。一如寅法。見未與見丑同。是貴分有定位。而甲戊庚牛羊之歌。則泥而不通矣。此說就以天星論。尤為有理。今六壬選擇諸術。或分陰陽。或分晝夜。益本此二說。壺中子云。貴人分治晝夜。各治專權。以晝生遇晝貴。夜生遇夜貴。為得力。或以子後為晝。午後為夜。或以日出為晝。日入為夜。皆是臆說。不若只以寅申分陰陽。冬至後用陽貴。夏至後用陰貴。人命一陽生後遇陽貴。為得力。一陰生後遇陰貴。為得力。三車一覽。則以一甲陽水。秉少陽之氣。生乎東方。至巳而用事畢矣。故退於未而為貴。庚陽金。秉少陰之氣。而生乎酉。至亥而用事畢矣。故退藏於丑而為貴。戊陽土。沖和中央。播於四時。甲因之萬物生。庚因之萬物成。則生成之理畢矣。乙乃陰木。己乃陰土。二位無氣失類。而無所居。必待申子。生旺水上滋養。充實補助不足。此二者喜見申子而為貴。丙丁之火。當盛夏至酷而害萬物。性熄於酉。藏於亥。以西北成齊之氣而和。此二者以酉亥陰氣和而為貴。壬癸之水。至窮冬則其性嚴而殺萬物。惟畜於卯。潛於巳。以東南溫煖之氣而和。此二者以巳卯陽氣和而為貴。辛乃陰金。執方不能自化。須假寅午生旺之火。劉剛革而成形為貴。廣錄云。甲陽木。戊陽土。庚陽金。皆喜土位。未者土之正位。丑者上安靜之地。所以牛羊為貴。細分之。甲尤喜未。庚尤喜丑。各歸其庫也。戊子戊寅戊午。喜丑。丑者火人胎養之鄉。戊辰戊申戊戌喜未。未者木人之庫。土人生旺之位也。乙者陰木。己者陰土。陰土喜生旺。陰木愛陽水。所以鼠猴為貴。然乙尤喜子。子者水之旺鄉。己尤喜申。申者坤之正位。丙丁屬火。火墓在戌。壬癸屬水。水墓在辰。辰戌魁罡之地。貴人不臨。故尋寄火貴於酉亥。寄水貴於卯巳。皆歸根復命之鄉。六辛陰金。喜陽火生旺之地。故以馬虎為貴。更宜以納音互換推尋。須兆和。則其貴為福。若丙火得酉。火至此死。焉足貴哉

闡東叟云。論天乙貴。須就五行喜忌。如申人有戊有庚。得癸未乙丑還二吉。而帶印為上遁。見丁丑辛未者次之。乃三陽喜在印庫。乙人得戊申庚子生旺之土。己人得甲申丙子生旺之水。此陰木陰土喜於財旺。丙丁得丁酉乙亥。壬癸得乙卯癸巳。此水火不嫌死絕。六辛得丙寅丙午。此陰金不嫌鬼勝。得二為上。得一次之。紫虛局。以此為貴人入廟。遇者主金紫貴。玉霄寶鑑又以五虎元遁至貴人。木位上見所遊之干。為入廟。不犯空亡邪雜。主清貴。

八字金書論貴神。又分優劣。即前六十甲子。吉凶其歸。要與祿馬同巢。不犯交退伏神。支干相合。為吉。緊要在月日時支干相合。

林開論天乙相合。如甲子見己未。無死絕衝破空亡。更有福神助。至貴。如犯上忌減力。又多難無福。戊子見己丑不犯上忌。更有福助。此為次格。有死絕減力。有衝破空亡。風塵吏也。辛未見庚寅。不犯上忌。有福助。為第三等。死絕減力衝破空亡。平生多難卑冗宮耳。

闡東叟論貴合貴食。如甲得己丑己未。戊得癸丑癸未。庚得乙丑乙未。乙得庚子庚申。己得甲子甲申。丙得辛酉辛亥。丁得壬寅壬辰。如此類謂之貴合。甲食丙。乙食丁。丙丁貴在酉亥。甲得丙寅丙辰。乙得丁酉丁亥。庚食壬。辛食癸。壬癸貴在卯巳。庚得壬申壬戌。辛得癸卯癸巳。如此類謂之貴食。有貴合則官多稱意。有貴食則祿多稱意。二者兼之。官高祿重。

三命提要。以天乙在貴神六合上。如甲戊庚在子午。則子合丑。午合未。乙己在丑己。丙丁在寅辰。壬癸在甲戌。辛在未亥。皆主大福。遇兩合以上尤貴。

寶鑑有天乙扶身。取貴人夾擁太歲。如壬寅人得甲寅日時。壬貴在卯。甲癸在丑。夾擁辛寅。丙申人得戊申准此。入貴格。則無刑衝。主一身少病。早年享福。常格得之。終身無刑獄之災。

有干夾貴神。如甲戊庚人得丑未日時上。卻帶甲戊庚一字。主顯異。

指南。有夾貴逢六合。如壬癸人。見辰而得癸酉合。丙丁人。見戌而得丁卯合。取前後各有天乙貴。更祿馬臨身。主大富貴。

紫虛局。有活祿貴人。乃貴人干上轉干支。再就生時胎月。如甲逢寅午。乙辛丑未。丙酉亥。丁申子。戊癸猴鼠。庚壬兔蛇。己卯己日時。兼全坐之主大貴。如一命戊戌甲子辛巳丙申是也。

有福星貴人。如一命壬子癸卯庚戌庚辰。壬騎龍背。又貴在卯。己得辰是福星扶貴人也。

有貴人擁馬而前。視刃。主權貴。

陳希烈曰。干為天下之將。支為貴人之師。假如丑未生人月日時。得甲戊庚。是遇正天乙。甲子人十二分生。是遇貴神。己巳日。乙丑時。是遇兩天乙合貴人之命。觀之若在太歲木子四貴華蓋上遇天乙者。宰輔之命也。若在四平位遇兩天乙。亦為待從清華之命。若四忌上遇兩天乙。當兩之官也。凡貴人到位是未人。甲戊庚中惟得兩字之人。得乙巳全酉亥人。得丙丁全之類。更得太歲干祿為正官正印者。其福加倍。沈芝云。凡生月日時遇天乙貴人。相間四字。全者為極貴。如酉亥有丙丁之類。説者舉其公命。己亥丙寅乙酉丁丑是相間四字全子。謂時不值忌神。所以至宰相。若酉月生己祿到酉為敗忌。雖四字全。必不至大貴。古人皆以貴人之為。不言福力厚得令。名隨位約而分之。如甲人遇丑庚人遇未。名在祿庫。戊人遇丑未是土支。己人遇申是與生旺同位。以上四神生日生時遇之。帶正官正印。上下合正天乙本家天乙貴神合者。福力加倍。乙人遇申絕忌。却有暗合遇子敗忌。丙丁遇亥絕忌。丁有暗合遇酉死忌。壬癸遇巳絕忌。癸有暗合遇卯死忌。辛人遇午敗忌遇寅絕忌。以上六貴神。皆與忌神同位。生月日時遇之。可得二三分福力。若與驛馬同位及帶正天乙本家祿正官正印。干合有輔助。故加倍。據此分是貴人忌死絕。而不忌丙丁壬癸正以死絕為貴也。

燭神經曰。天乙貴遇旺則形貌軒昂。性靈穎悟。理義分明。不喜雜術。純粹大器。身蘊道德。眾人欽愛。死絕則執拗自是。喜遊近貴。與劫煞併則貌厚有威。多謀足計。與官符併則文翰飄逸。高談雄辯。與建祿併則文翰純實。濟惠廣遊君子人也。若落天中。或與天中合。或與天中連珠。當有伶倫之態。好謳吟。伎藝人也。

又曰。天乙貴。三命中最吉之神。若人遇之則榮。功名早達。官祿亦易進。如三命皆乘旺氣。終登將相公侯之位。大小運行年至此。亦主遷官進財。一切加臨至此。皆為吉兆。凡貴人所臨之處。大概喜生旺。無衝破。道理順。不落空亡。天干納音俗和。更得祿馬四晝夜不背。或年時互換貴。如卯午人見辛丑時。丙申見巳亥之類。或四干併在一支上見貴。如丑未生而得甲戊庚之類。或四位天干通聚貴地支為五行聚貴。更遇天月二德為佳。理愚歌曰。貴人或落空亡裏。祿馬背違如不值。寶鑑云。貴人無氣。雖有如無。林開云。貴人死絕為鄙吝。煞洞玄經云。貴人嗔則凶來。可見命中有貴。不可就為吉論。要當細詳。

論三奇

珞琭子曰。奇為貴也。奇者異也。謂物以貴為奇也。乙丙丁。出於貴人干德配支之妙。陽貴甲德起子。則乙德在丑。丙德在寅。丁德在卯。三干相連而無間。陰貴甲德起申。乙在未。丙在午。丁在巳。三間相聯而無間。以其隨貴人在天。故曰天上三奇。十干惟此為異。餘則或間羅網。或間天空。或不重臨。又不相聯。不可以為奇。玉霄寶鑑謂古人以正月為歲之始。日出於卯。故以乙為日奇。老人星見為瑞。見於丁位。故以丁為星奇。月照夜到丙位而丙下明。故以丙為月奇。若用戊庚亦以為天上三奇。以甲戊庚俱臨丑未。乃貴人家。在斗牛之次。出乎井鬼之舍。先後天起貴。而三干適臨之。與別干不同。具理亦通。三車一覽以甲為陽木之魁。戊為陽土之君。庚為陽金之精。地有此三物為奇。謂之地三奇。其説則鑿。太乙經以辛壬癸為水奇。謂之人間三奇。其説無據。但辛壬癸天干連珠。謂之三台。亦為難得。紫虛局又有四奇之説。夫奇奇數也。四則偶矣。謂之奇可乎。三奇要順布。不欲倒亂。如乙丙丁甲戊庚。天干年月日時順在為吉。廣錄又以乙人丙月丁時。是乙生丙丁。秀氣下降。生平常。若乙時丙日丁年。是秀氣上達。反為貴。似又不論順逆。甲戊庚却以順者為貴。逆者福慢。亂者不壽。氣清則貴。氣濁則富。經曰。五行各有奇儀。須分順逆。若日月倒亂得順三奇。亦不謂倒。命有三奇。要得體得地。不欲大時。如乙丙丁夜生。甲戊庚晝生。得體。乙丙丁柱有亥。則三光有所依附。甲戊庚柱有申。則三物有所憑藉。或乙丙丁得丑寅卯未午巳。甲戊庚得丑未全。皆為得地。三奇再遇三合。如乙丙丁得金木局。甲戊庚得水火局。又遇六儀甲子旬戊甲戌旬己甲申旬庚甲午旬辛甲辰旬壬甲寅旬癸俱吉。珞琭子云。重犯奇儀。蘊藉抱出羣之器。遁甲曰。順布三奇。逆六儀。如命出甲之甲申二旬。而遇甲戊庚。是重犯奇儀也。

凡命遇三奇。主人精神異常。襟懷卓越。好奇尚大。博學多能。帶天乙貴者。勳業超羣。帶天月二德者。凶災不犯。帶六儀

論三奇

者。才智出類。帶三合入局者。國家柱石。帶官符劫煞者。器識宏遠。帶空亡生旺者。脫塵離俗。富貴不淫。威武不屈。值元辰戌。池。衝破天羅地網者。為無用。論三奇。太歲不帶。而日月時帶者。孤獨。詩曰。順十干神乙丙丁。神童及第播聲名。甘時祿馬。公卿煞換武除文佐聖明。又曰 順十干神甲戊庚。兼得長生兩府名。若然無祿兼無馬。只是財中蓄積人。又曰 三奇須是重逢貴。方是榮華福壽人。只有空奇無貴地。貧窮下賤被欺陵。又曰 乙丙丁。甲戊庚。上局相生生復生。不是蓬萊三島客。也應金殿玉階行。又曰 欲識嵩廊官赫奕。名仙多誕癸壬辛。三奇玉籍傳消息。輕薄時師莫與評。 合諸詩。觀三奇喜忌見矣。

論天月德

夫德者利物濟人。掩凶作善之謂也。天德者謂周天有三百六十五度二十五分半。除十二宮分野。每宮各占三十度。共計三百六十度。外有五度二十五分半。散在十二佐宮。甲庚丙壬。乙辛丁癸。乾坤艮巽。謂之神藏煞沒。每宮各得四十四分。所以子午卯酉。中有甲庚丙壬。子中有壬。卯中有甲。午中有丙。酉中有庚。辰戌丑未中。有乙辛丁癸。丑中有癸。辰中有乙。未中有丁。戌中有辛。寅申巳亥中有乾坤艮巽。寅中有艮。巳中有巽。申中有坤。亥中有乾。此十二位宮。能回凶作善。乃曰天地也。月德者乃三合所照之方。日月會合之辰。申子辰會酉出庚。入垣於壬。亥卯未會午出丙。入垣於甲。寅午戌會卯出甲。入垣於丙。巳酉丑會子出壬。入垣於庚。故壬甲丙庚謂之月德。丙辰未戌丑四月天德。亦同屬焉。蓋日月照臨之宮。凡天曜地煞。盡可制服。故可回凶作吉。壺中子云。天德陽之德。正月起自乾卦之前一辰亥上順行。乃正月亥。二月子。三月丑。四月寅。五月卯。六月辰。七月巳。八月午。九月未。十月申。十一月酉。十二月戌。月德陰之德。正月起自坤卦之後一辰未上順行。乃正月未。二月申。三月酉。四月戌。五月亥。六月子。七月丑。八月寅。九月卯。十月辰。十一月巳。十二月午。五星論天月德。未後說。而以前為天月德貴人干支之分也。闊東叟云。貴神在位。諸煞伏藏。二德扶持。衆凶解散。凡命中帶凶煞。得此二德扶。在凶不為甚。須要日上見時。上不犯衝剋刑破。方吉。凡人得之。一生安逸。不犯刑。不逢盜。縱遇凶禍。自然消散。與三奇天乙貴同併。尤為吉慶。或財官印綬食神。變德各隨所變。更加一倍之福。入貴格。主登科甲。得君寵任。或承祖蔭。亦得顯達。入賤格。一身溫飽。福壽兩全。縱有蹇滯。亦能守分固窮。不失為君子。女命得之。多為貴人之妻。三命鈴云。天德者五行福德之辰。若人遇之。主登台輔之位。更有月德併者尤好。縱有凶煞。亦主清顯。子平賦云。印綬得同天德。官刑不犯。至老無殃。是天德勝月德也。

考天統歷。有天月德合。乃五行相契之辰。月德合。如正月丙與辛合。二月甲與己合。三月壬與丁合。四月庚與乙合。餘照此。天德合。如正月丁與壬合。二月坤與巽合。三月壬與丁合。四月辛與丙合。餘照此。

有月空。如寅午戌月壬。亥卯未月庚。申子辰月丙。巳酉丑月甲。

有月厭。正月戌。二月酉。三月申。四月未。五月午。六月巳。七月辰。八月卯。九月寅。十月丑。十一月子。十二月亥。

有月煞。寅午戌月丑。亥卯未月戌。申子辰月未。巳酉丑月辰。

有歲干德。甲己甲。乙庚庚。丙辛丙。丁壬壬。戊癸寄戊。亦取甲庚丙壬為干德。月干德與歲干德同。

有天赦日。春戊寅。夏甲午。秋戊申。冬甲子。乃天四時專氣生育萬物。宥罪赦過。如人命聚一月。德秀合空。及四大吉時。生更遇天赦日尤妙。

此外又有天喜神。春戌。夏丑。秋辰。冬未。遇者主歡欣。有旌德煞。如寅午戌丙日時。亥卯未甲日時。申子辰壬日時。巳酉丑庚日時。

有旌鉞煞。如寅午戌寅時。亥卯未亥時。申子辰申時。巳酉丑巳時。又寅午戌見辛。亥卯未見己。申子辰見丁。巳酉丑見乙。亦謂之旌德。經云。一神主旌德。五世不貧窮。內有旌鉞煞將相及三公。德月相會非貴即富。

又有一種旌鉞煞。寅卯辰人見癸酉。巳午未人見癸卯。申酉戌人見戊子。亥子丑人見戊午。乃四時專主誅戮之神。庶人主徒配剋本命。主惡死。

又有一種三公煞。寅午戌人壬子。巳酉丑人丙午。申子辰人乙卯。亥卯未人辛酉。乃坐四方專氣來剋生年。為五行毒氣。庶人犯之。主非橫惡死。若旌鉞更與三公煞會同一位。主殊貴。 今之談命者。論月德而諸煞不論。自是偏見。因並及之。

論太極貴 一名科名星

太極者。太初也。始也。物造於和。為太極。成也。收也。物有所歸。曰極。造化始終。相保。乃曰太極貴也。甲乙木先造乎子坎水。助而生。後終乎午離火。焚而死。丙丁火先喜出乎震卯也。後喜藏乎兌酉也。庚辛金得寅乃金生乎艮。見亥乃金廟

乎乾。壬癸水先得申而生。後得巳而納。經曰。地陷東南。四瀆俱流巽位。皆有始有終之意。戊己土也。喜生乎申。得辰戌丑未為正。庫理悬歌云。四庫全時為至貴。位班上列據權衡。人命入庫。更有福氣貴神扶。豈不為美。

有文昌貴。甲人蛇口乙豬頭。丙狗。丁龍向猴。己午庚寅辛未貴。士壬卯位癸逢牛。

有文舉貴。如甲子人。見壬戌丙寅祿前祿後一般神。必作公卿冠世人。立性天聰名譽播。富貴榮華事業新。

有文星貴。甲馬乙蛇丙戊猴。酉台丁巳亥辛未。庚逢戌狗壬逢虎。十位文星癸兔遊。

有天印貴。甲子有寅中。乙逢亥亦同。丁酉戊申位。丙戌己羊宮。庚辛馬蛇足。癸卯與壬龍。此號天印貴。舉達受皇封。

論學堂詞館 魁星科名附

夫學堂者。如人讀書之在學堂。詞館者。如今官翰林謂之詞館。取其學業精專。文章出類。長生乃學堂之正位。如金命見辛巳。金長生在巳。辛巳納音又屬金。是也。臨官乃詞館正位。如金命見壬申。金臨官在申。壬申納音又屬金。是也。餘以類推。壺中子云。文星入命。天班馬之無才。註云。乙亥丁巳為文星。是取木火長生臨官之義。重木火者。癸熖紅緣文章之象也。或以納音論。火包而不包。惟乙亥得之。土包而不包。惟丁巳得之。恐未然。闞東曳謂年月日時有甲乙丙丁分處四位。相連不斷。青赤為文章。如甲寅乙亥丁酉丙申甲子。丙寅甲寅丙寅之類。主文彩異衆。玉霄寶鑑。則以木金火全亦曰成章。如丙寅見巳亥辛巳。取丙寅火。巳亥木。辛巳金。皆坐長生之地。主詞翰秀穎。又以甲子辰全見丙。如丙子人。丙寅月。丙辰日。丙申時。丙為真水。甲子辰水之正位。干支全見之。有金則貴。無金亦主學海波深。鬼谷要訣又云。戊己重重兩位。帶旺兼元祿。如戊子人見戊午。戊戌己未己酉。主文章燦爛。

諸家說有學堂會祿。如金長生巳。臨官甲申。乙人得之。水土長生申。臨官亥。丙丁壬癸人得之。木長生亥。臨官寅。戊己人得之。火長生寅。臨官巳。庚辛人得之。又名宮貴學堂。以官貴長生之位為學堂。官貴臨官之位為詞館也。

有學堂會食。如甲食丙得丙寅。乙食丁得丁巳。丙食戊得戊申之類。兼官印驛馬。其福厚。遇祿貴奇德。其氣清。值刑魁衝破。其氣濁。清則科名巍峨。厚則官爵學顯。濁則福祿微薄。官職卑賤。

有生處見魁。如甲乙人辛亥。丁丙人壬寅。戊己人甲申。庚辛人丁巳。謂之官星學堂。主登科甲。入侍從。

有納音見帝主之位。與逢天乙貴處。其上如己酉人。得丙子庚子日時。壬午人得辛卯日時之類。謂之學堂會貴。主清貴。

凡學堂詞館。切不要犯空亡及衝破。支干納音。不要見魁。方為得用。視勝經云。甲辰丙寅學堂不真。或止富蔭官職卑賤。讀書修學。空有虛名。此言學堂怕落空也。三車云。學堂無氣。惟利師儒。此言學堂要乘旺也。理愚歌云。學堂如更朝驛馬。位極勳高壓天下。此言學堂要有馬也。又云。生來祿馬真學堂。若同詞館主文章。遇中不遇人誰會。不遇衝魁福祿昌。又云。文星聚處人中瑞。聲華獨冠英雄輩。降生不遇真學堂。才學豈能為拔萃。此言學堂怕衝破受魁也。況人命入格合造化。又不在學堂詞館而得。

子平云。學堂者。天地陰陽清秀之氣。五行長生之神。乃甲見亥。乙見午等例。或月時一位見者。即是。不必兼全。更帶天乙貴。如丁日酉時。或酉月之類。讀書人遇之。主聰明智巧。高科文翰。更引用得地。無魁壓之神。及逢德秀。冠世儒業。與命中財帛印食相為表裏。經云。生氣學堂冠世文章富貴。又云。學堂不必專論官星。文章不必專論印綬。古人以長生學堂取生氣就學之義。不必專論日干。但柱中帶寅申巳亥。便為有學。此四宮聚天地間至清之氣。其中有四驛馬。四劫煞。皆是生發之義。子午卯酉為四敗。其氣濁。辰戌丑未為四庫。其氣雜。且如月候到寅申巳亥。便不寒不熱。風氣自然清雅溫和。凡占年月者最有力。日干自得長生。卻不喜在月令。如月令見之。運順行便交沐浴。如八字不帶學堂。到五七歲。卻交日干長生運。亦有文學。雖非通儒。卻未至全不識字。若八字不見。最忌五七歲交敗死二運。縱有嚴師。也難訓化。命帶二樣學堂。俱怕自刑魁壞。但有刑衝破損。讀書便不成。重見雖不妨。一衝終不純粹。

又曰。人命不喜十分財盛。財是厚濁之物。一見便要貪好。喪人心志。柱中若先有官星。以抑稟氣之偏。亦性情執古。不能通變。若財盛而無官星。便渾濁不清。縱富貴亦愚。古歌云。五行生處為學堂。陰陽順逆要推詳。引旺有倚文學貴。如逢魁壓不為良。註云。學堂上帶鬼為魁壓。凡有科名命。自是五行精粹。學堂驛馬。生旺於金水之上。三奇華蓋類萃於日時之中。或刑衝生旺。水火相生。福神聚時。天元不戰。皆主清舉巍科。

又曰。甲辰一旬十二位。謂之魁星。一旬中又取出甲辰丁未庚戌癸丑四位。以甲木旺於東方。丁火旺於南方。庚金旺於西方。癸水旺於北方。取逐方旺氣。加於戊辰丑未之上。以為真魁星。凡人命甲辰至癸丑一旬。俱在日時上。無不乃第兩三位者。必中前名。又云。丁亥辛卯庚戌為魁。曰日時遇者。多占解省殿魁。又四柱內兩見干合。謂之歲首星子生

人在子以命建之月謂之歲窠主詞學登瀛科名顯赫。又寅申巳亥四位大變本年遁起四位為魁星。如癸巳人從寅上遁起甲寅丁巳庚申癸亥。又如丁卯人從寅上遁起壬寅乙巳戊申辛亥是也。餘准此倒例

凡命金土乘秀氣金木乘秀氣火木乘秀氣水木乘秀氣皆主科名。秀氣者月令中秀氣也。大凡支干有氣乘月令秀氣皆主及第之命。古歌曰。日旺提綱火明木秀金白水清。重叠土金既濟水火。遞互丙丁根苗天乙相添金水是也。又木春生逢食傷財物兩輕官煞重。煞重身輕逢印綬。魁星官煞分明奇。亦登科之命。及第之年也。壺中子云。馬兼財合。春廷獻一鶚之書。官共祿迎禹門透三汲之浪。註云。行年驛馬與見生驛馬衝而不合。又見天財文星之類。其人必發。合則必不發也。遇官與祿則須成。不遇官與祿止發而已。又云。凡舉人了當年大要太歲與月建相和作福。其餘甲戊庚乙丙丁之類皆不定。只以行年太歲與本生月建參而推之。又云。須是大運在官位。又太歲帶正印。或正天乙或本家祿是及第之年也。

論正印

正印者乃五行之正庫。金命見乙丑木癸未火甲戌水土壬辰丙辰是也。言談云。生逢正印。必拜玉堂。妙選云。五行入垣官居五府。可見得本家正印為貴。本主同德為上。帝座為中。胎月為下。主人重厚魁梧。功名聪著。本家印。又得貴格扶之更妙。若木得水印。火得木印。多兼地權外財。若身剋印。或印剋身。廢而復興。若水人得火印。火人帶水印。次於本家印。然須本主有旺氣方言。若剋破刑無福救助。或空亡。只作清閑僧道。無成舉人。若五行有清氣。則絕世高人。有煞則貧賤。

有貴人夾印。如丙丁火命。以甲戌為正印。却得酉亥夾之。酉亥乃丙丁貴人。壬癸水命。以壬辰為正印。却得卯巳夾之。卯巳乃壬癸貴人

有華蓋印。如亥卯未得癸未之類。

有文章印。如戊寅見癸未。辛巳見甲戌。庚申見乙丑。癸亥見丙辰。乙亥見壬辰。乃納音尅身。干神復制。戊午得癸未。庚子得乙丑。丁酉得壬辰。己卯得甲戌。辛酉得丙辰。干神制支神合之類。

諸印要逢庫墓。若生旺扶助。互換祿馬貴人。併相合者至貴之命。最忌刑衝破害。三合六合上見鬼。如甲戌日得癸酉時。則減力。水命人得本家印無益。得木印損氣。得上印支干有交涉者名官印。無交涉者名鬼印。

有年時見印。名鳳凰啣印。如虞尚書癸未甲寅戊午丙辰是也。

又有福聚印。如年月日時胎五位俱無氣衰敗。得正印偏印俱在此印上。或庫或旺。雖有煞神。至是受制。此之謂福聚印。

有禍聚印。如癸巳人帶壬辰印。柱多逢水。俱墓於辰。則癸巳受煞。以巳為命。巳火遇多。則本命病。此之謂禍聚印。

有破福成禍印。如水人得水印。或月日時胎多帶土來。本家印見鬼盛。是謂破福成禍。

有帶煞印。印中見貴煞。如壬子見壬辰。丙辰子至辰謂之華蓋。土人見辰為貴。若印中反尅本命。無禮神往還。名帶煞。主凶。

有臨空印。乃印落空亡。支無六合見官貴。至賤而無成也。

有自刑印。如庚戌人帶乙丑。金人見金印固好。丑戌相刑。以金刑金。此類不如無。雖有少福。亦終賤。餘准此推。

凡論印。更得真五行與納音同氣尤妙。但主少安逸。不利六親。難為子息。

論德秀

夫德者。本月生旺之德。秀者合天地中和之氣。五行變化而成者也。又曰德者。陰陽解凶之神。秀者。天地清秀之氣。四時當旺之神。故寅午戌月。丙丁為德。戊癸為秀。申子辰月。壬癸戊己為德。丙辛甲己為秀。巳酉丑月。庚辛為德。乙庚為秀。亥卯未月。甲乙為德。丁壬為秀。凡人命中得此德秀。無破衝尅壓者。賦性聰明。溫厚和氣。若遇學堂。更帶財官。主貴。衝尅減力。

論劫煞亡神

劫者奪也。自外奪之之謂劫。亡者失也。自內失之之謂亡。劫在五行絕處。亡在五行臨官。俱屬寅申巳亥。水絕在巳。申子辰以巳為劫煞。巳中戊土劫水也。火絕在亥。寅午戌以亥為劫煞。亥中壬水劫火也。金絕在寅。巳酉丑以寅為劫煞。寅中丙火劫金也。木絕在申。亥卯未以申為劫煞。申中庚金劫財也。古歌云。劫煞為災不可當。徒然奔走利名場。須防祖業消亡盡。妻子如何得久長。又云。四位逢申劫又來。當朝振業運儒魁。若兼官貴在時上。梗直名標御史台。又云。劫

神包裹遇官星主執兵權助聖明不怒而威人仰慕須令華夏悉安榮又云劫煞原來是煞魁身宮命主不須來若為魁局應當死煞臨臨之不必猜若是無星居此位更於三合細推排天盤加得凶星到命似風燈不久摧水生木申子辰以亥為亡神亥中甲木洩水也火生土寅午戌以巳為亡神巳中戊土洩火也金生水巳酉丑以申為亡神申中壬水洩金也木生火亥卯未以寅為亡神寅中丙火洩木也古歌云亡神七煞禍非輕用盡機關一不成尅子刑妻無事業仕人猶恐有虛名又云命官若也值亡神須是長生遇貴人時日更兼天地合匪躬蹇蹇作王臣又云皆言七煞是亡神莫道亡神禍患輕身命若還居此地貧窮蹇滯過平生凶星惡曜如臨到大限渾如履薄冰三合更須明審察煞來夾拱必難行

劫煞一十六般 一名大煞

吉則聰慧敏捷才智過人事不留行胸羅萬象高明爽迅武德横財即生旺與與貴煞建祿併也

凶則昏濁邪傍毒害性重宿疾刑徒兵刃折傷執拗内狠奪取無情即死絶與與惡煞併也若元辰空亡為盜金神庚辛併好剋刻彫鏃空亡金火併為打鉄屠僧捕獵龍養之人若劫煞尅身更帶金神羊刃同尅主車馬顛覆之災生時得之子孫愚薄

劫煞聚寶 我尅他也 一名瓊珠劫煞歲尅劫有力與十日主和諧者生富裕

劫煞宜權 臨官空亡空亡惟十日夜推臨官惟十日辰折 一名冠裳劫煞為人衣冠齊楚光顯貴人況生旺日辰乎

劫煞嘉謨 身不尅於煞煞却不得其位 一名紀綱劫煞主強煞弱日有他位之貴者動容不妄中禮安常

劫煞奏號 貴人同到 一名旌旗劫煞劫坐貴人貢助日主者凡事變難成易人自欽仰福氣異常

劫煞呈瑞 真長生位 一名晃旒劫煞劫煞在長生位有日主之財官等祿主貴

劫煞為霖 羅文貴人 一名鹽梅劫煞時帶此劫煞與歲君干支互換見貴更日辰有情名利顯赫

劫煞生上 下生其上 一名廟堂劫煞時帶此煞自家生旺助年者一重最吉仍喜兩頭衝破年時干合支下帶煞主破家蕩業更與日家不情宜然

劫煞類爭 火人火類煞 一名鬩爭劫煞無制無馭則為屠沽巫醫有制有馭則為福壽貴格又看日辰吉凶何如增減

斷

劫煞遣意 我去生他 一名提孩劫煞歲去生煞猶母生子若孤刑來併主喪家尅子或被兒女耗財兼尅竊日主無疑

劫煞非良 煞來尅我 一名貪玩劫煞主非義取財因財害己或貪恪遭禍等事為日辰凶煞者必然為貴氣者庶幾

劫煞毀焚 破宅煞尅歲 一名醫桑劫煞此兼領破宅之神來尅歲不獨無屋可居貧富甑釜生塵更兼亡神尅竊者無救

劫煞酣慾 合起我尅他強 一名風流劫煞日時犯有合單合雙合不降不尅日辰竟無好意恩相援者主酒色破家不知廉恥生平酣飲嗜音

劫煞輕盈 煞逢死絶我去生他又合起 一名管絃劫煞主嬌態美姿春風花柳日為活計以日辰不絶福神無援故也

劫煞黨衆 煞雙來尅歲 一名天牢劫煞縱貴亦夭武軍旅亡於他鄉否則為盜干音或又尅竊日辰更入空絶者無疑

劫煞暴厲 亡劫雙全又尅羊刃重重來合 一名刀鎗劫煞主凶暴惡死干音尅竊日主决難免

劫煞空閑 孤寡同到 一名烟霞劫煞此煞與孤寡刑隔四位内犯二者兼死絶之氣尅竊日主非僧則道以水火象分之水多為道火多為僧若是俗人孤寒之甚貴氣交加者庶幾

亡神十六般 一名官符一名七煞

吉則峻厲有威謀畧算計見事如神事不露機兵行詭詐如終人勝言事折辯壯年進用即生旺與貴煞并也

凶則褊躁性窄顛詐狂妄浮蕩是非酒色風流官府獄訟疽瘤氣血氣不謙下失勢失下兵刑貴難即死絶與惡煞併也若貴人建祿併專美筆硯撰飾文詞因公起家干涉官利或為胥徒併火尅身則語吃無氣多腰足疾

亡神富藏 一名亡神貴驛此乃歲去尅煞亡神受歲之尅我勝於彼方是受降或為日主財官貴氣或來生助日主主大富貴

亡神長生 一名珪玉亡神亡神在長生位兼帶日辰別位貴祿飛騰早發

亡神臨官 一名軒冕亡神亡神入臨官位却落空亡反吉干音又能生日雖主乘軒戴冕之貴亦有二三分酒色

亡神鑾輿 一名鼎位亡神臨時坐却見年時互換貴人來往子神助日主者貴

亡神自如 一名規矩亡神煞居弱地歲入强宮雖不尅煞煞却不得其位其煞來降另有日辰貴氣者主賢能謙謹中

正公勤食祿之人。

亡神生本一名父母亡神。亡神生歲兼生旺。只宜一重。若有財官等貴。係屬日辰者。主精神富聚。

亡神義門一名羅綺月神貴人同到日時。見此煞干支不壞日者。有福榮華。

亡神錦里一名兒女亡神。歲吉生他遇孤隔劫煞。則凶帶祿貴則吉。一重為妙。又與日辰相統兼推吉凶。

亡神未降一名停力亡神。此乃歲與煞同氣。如木人見木煞。竟無相尅相降。日無統攝。若欠貴氣。只是屠行牙儈巫醫丹青之類。

亡神妄作一名擄掠亡神。此煞下反尅歲竊日之氣。主非理取財。語言狂妄。乃巫醫藝術。談天說地之人

亡神嘯宅一名溝壑亡神。亡神若為破宅煞。兼尅竊歲與日無情。主謀拙計窮。為生乞丐。死無棺椁。

亡神舞摩一名鼓樂亡神。其煞不降不尅。却有合起之神。主閑摩叢裡花酒立身。若無日家貴氣。僅上

亡神薄惡一名噴血亡神。亡劫俱全。年時干合。音尅其歲。必主遭刑。不然惡病。尅竊日辰。無貴氣者定驗。

亡神迷溺一名花斜亡神。此神單來合。煞之氣剛。我柔弱。定主歌謳花酒度口。更引口家凶煞。衣食艱難。亡於瘵夭

亡神乖張一名枷鎖亡神。亡神日時有兩重。又帶合。必是刺面彫青。徒配脊。更尅竊日主者愈重。

有真亡劫。寅午戌人見癸巳癸亥。巳酉丑人見丙申丙寅。申子辰人見丁亥丁巳。亥卯未人見壬寅壬申。獨者主凶。

有劫頭見財。如寅午戌人甲干巳亥之例。巳酉丑人乙干戊寅之例。是起煞上見干財。主蓄積大富。吞併不顧慘毒害物。遇兩重者反主貧寒。

有劫頭見鬼。如申子辰人甲干辛巳之例。亥卯未人乙干庚申之例。是劫煞見官鬼。主無官。縱有。須因事罷難得入侍從。庶人多被劫。平生聚散

有劫煞相合。如甲寅值己亥。丙寅值辛亥。戊寅值癸亥。庚寅值乙亥。壬寅值丁亥。甲申值己巳。丙申值辛巳。戊申值癸巳。庚申值乙巳。壬申值丁巳。干位在日上。謂之旌旗煞。在時上。謂之英雄煞。主武

有分劫聚劫。分劫如甲子人。得己巳月。己巳時。是子一劫寄於兩巳。而兩巳分受為災反輕。聚劫如甲子人。得丙子月。己巳時。是子兩重會劫一巳。而一巳獨受致害反重

又曰。劫煞主煞。生氣主生。若有生氣兩重。而劫煞一重。則是生氣強於劫。劫煞兩重。而生氣一重。則是劫強於生。生氣多者。從生氣言。劫煞多者。從劫煞言。不可概論。若四柱逢生交互見之。主作台諫將帥之職。亡神推推。大抵二煞全要以身尅煞。不要以煞尅身。日煞尅妻。婦尅夫。時煞尅子

此外有天煞地煞歲煞刑煞。天煞在劫煞前二辰。地煞在劫煞前五辰。是辰戌丑未也。歲煞在劫煞前三辰。亦是寅申巳亥也。刑煞在劫煞前七辰。與將星同位。是子午卯酉也。以上四煞。俱主有權。不尅身。不為災。尅身則為災。重與亡劫同。帶金土為武臣。水木為文臣。帶土金為煞者。亦主兵權

論羊刃 對官自飛刃又曰唇符

三車云。羊言剛也。刃者取宰割之義。祿過則刃生。功成當退不退。則過越其分。如羊之在刃。言有傷也。故羊刃常居祿前一辰。布尹曰。陰陽萬物之理。皆惡極盛。當其極處。火則焚滅。水則涸竭。金則折缺。土則崩裂。木則摧折。故既成而未極則為福。已極則將反而為凶。極盛之地。壬午中正處是也。卯者甲之正位。為陽木之極。辰者乙之正位。為陰木之極。午者丙之正位。為陽火之極。未者丁之正位。為陰火之極。酉者庚之正位。為陽金之極。戌者辛之正位。為陰金之極。子者壬之正位。為陽水之極。丑者癸之正位。為陰水之極。當其極處。其氣剛烈暴戾不和。所以祿前一辰為羊刃。對衝為飛刃。既盛而未極則溫柔和暢。故刃後一辰為祿也。壺中子云。凡人有祿。必賜刃以衛之。此其義也。一行命書云。羊刃重重。又見祿。富貴饒金玉。洞玄經云。官印相助。福相資。是羊刃帶祿。更有官印相資。尤作吉論。如無羊刃。主眼露性急凶暴。言物親近惡黨。生旺稍可。死絕尤甚。在五行敗者逢之。多患癆瘵。或瘡瘍金刃之災。不論貴賤。多冗雜勞逸少得安逸。太乙經云。六甲生人。逢乙卯丁卯為真羊刃。若重犯。主殘疾。官祿失退。敗散在晚年。餘卯為偏刃。則輕。

廣信集。有刃頭財。如甲人見己卯之類。謂之銷鎔煞。主財帛散滅。常人以屠沽刀鋸等事為業。或因被盜而致命者

有刃頭鬼。如甲人見辛卯之類。謂之持刀煞。主人不令終。雖入貴格。亦不可測。甲乙人見之。尤緊。多腦疽發背而終。

金書命訣。有羊刃相蝕。如甲寅虎兔。甲戌狗兔之類。見所蝕年月稍可。日時至危。若見兩重。更值空亡。設非相蝕。亦犯流配。至老主不善終。

沈芝源髓。有朝元羊刃。如卯年。日時有甲字之類。主凶。若日干在時上作刃。主痕疾。不然即子息帶。亦主子少。時干就

[illegible]

論羊刃

[illegible]

日支作刃。主妻惡死。稟性不良。不然是軍人。或帶痕疾。年干臨支時作刃。多主父母惡死。更天煞在上。決定無疑。若胎中羊刃。更帶刑。年主出不善。或父母惡死。及賊陰人。年干就日支作刃。主父母惡死。餘照年月日時分位推之。古詩云。或時藏刃入於胎。日刃或朝時上來。更若支干相刑剋。妻身姙產定應災。婦人之命若如此。敢断須憂生產危。是相刑羊刃。為禍最重。

又連珠刃。如庚戌辛酉戊午己未丙午丁未甲辰乙卯壬子癸丑。皆凶象也。金緊木慢。女命犯之。定剋夫害子。不貞潔。理愚歌云。倒懸羊刃又同行。形骸不免填溝壑。又云。飛刃倒戈終見乖。小人得此便為災。空亡截路同相見。此身安得出塵埃。又云。羊刃更兼倒戈。必作無頭之鬼。是羊刃帶諸惡煞尤凶。

凡人行運。最怕羊刃。主作事稽遲。無士農工商背厭之。經云。運行羊刃。財物耗散。此之謂也。

玉霄寶鑑有攬轡澄清格。謂貴人乘馬而前。視羊刃猶馬頭帶劍之義。假令庚午人得乙酉。或己酉日時。帶甲申。申為入格。午馬在申。庚祿在申。乙己貴在申。庚羊刃在酉。卻乙己貴人乘甲申。申為驛馬。而前視羊刃。故曰攬轡澄清。此格多為清嚴之官。若更有吉類。多為酷吏。能制奸宄。子平以甲丙戊庚壬五陽干有刃。乙丁己辛癸五陰干無刃。惟見傷官。與羊刃同禍。是指陰陽之陽。非牛羊之羊。其義見後論羊刃格中。

論空亡 一名天中煞。對空即孤虛煞

空對實亡對有。言神白經云。空亡空亡幾多般。十干不到作空看。洞玄經云。遠窮而亡生。故以甲旬盡處曰空亡。蓋有是位而無祿曰空。有支而無干曰亡。如甲子旬遁至酉。而十干忌。所以無戌亥。餘五千例見。是為空亡。然空而有實。亡而有存。所以未可便為凶論。珞琭子論空亡云。五陽令用一陽。五陰令用一陰。假如甲子丙寅戊辰庚午壬申則用戌。不用亥。乙丑丁卯己巳辛未癸酉則用亥。不用戌。陽分陽年。陰分陰年。又說甲子至戊辰。以戌為空亡。己巳至癸酉。以亥為空亡。分上下五年。中間又分甲子至戊辰。見壬申為重。見戊戌之類為輕。己巳至癸酉。見癸亥為重。見乙亥之類為輕。如甲子生甲戌時。此時上正見。差輕。如己巳生癸亥時。亦時上內犯。最重。指迷賦云。祿入空亡。必分前後之辰。所以表陰陽之分。明輕重之等也。八字金書云。甲寅旬。壬癸落空亡。甲辰旬甲乙。甲申旬丙丁。甲戌旬庚辛。以地支二位而論。天干或謂十惡大敗。犯此日生者。主貧賤。然人命見空亡而合格者多。洞玄經云。淵爭兩位倘無氣。空亡多謂之淵淨格。 圖機而自立一家。祿馬貴官。上見空亡。為九流格。 辭有章而貴名。學堂見空亡。 性無為而湛如。自死自絕見空亡。 美質可愛。貴人多見空亡則可愛。 功名可珍。華蓋多見空亡則可珍。 優游恬淡無累。雕鏤華藻有功。休囚旺相有吉神而見空亡。 抱越人之才。挾敢斷之果。神煞時指空亡雖超人無禍。 詳此亦有吉處。

凡帶此煞。生旺則氣度寬大。動貽虛名。長大肥滿。多意外無心之福。死絕則一生成敗飄泊。但在我有氣之地。則不能為禍。大忌支干與天中相合。是謂小人得位。則奸詐譎詭。靡所不為。若為我所剋。是謂天中受殃。反為特達之福。如戊午火人見甲子金之類。 其神性無常。與官符併。則佞媚多文。與劫煞併。則狡勇。與亡神併。則飄蓬。與大耗併。顛倒覇突。與建祿併。一生破散。與咸池六害併。多凶暴卒。惟夾貴華蓋三奇學堂併者。大聰明脫俗之士。

夫空亡不言太歲。見生日旬中空亡極緊。若太歲與日互換空亡。更不佳。以實為空。則實可映空。以空為空。無所映實。故帶互換空亡者災深。假令甲子年壬戌日。甲子之正空亡在壬戌。其壬戌乃甲寅旬。甲寅旬中空復在子。主一生財物耗散。大破家宅。餘傚此。若日時互換。時墜日慢。若日犯而時卻。刑害衝破。時犯而日卻。刑害衝破。亦主有福。未免坎坷。又云。天中一煞。不可全以凶言。如柱有惡神惡煞禍聚之地。全要空亡解之。有空亡不宜見合。合則不能空矣。若祿馬財官福聚之氣。全怕空亡散之。有空亡卻喜見合。合則不能空矣。若無衝無合無刑。謂真空亡。四孟太毒。只作小佞巧術人。

又甲子旬水土。甲戌旬金。甲申旬火土。甲午旬火土。甲辰旬木。甲寅旬水土。為真空亡。又云。水之有聲。莫非虛中也。是以大人之命。要有虛中之德。空亡自旺有用。乃大聲大應之器。月日時三位俱空亡者。不害。為大貴人。若值兩位。雖有官不大。

又云。凡命值空亡。時上見。多拘性。為事高而虛。更遇華蓋。決主少子。日上見。多庶山。或妻妾間離。遇偶合。則多浪蕩。古歌云。胎裏生逢怕遇空。遇空時節自昏濛。饒君十步有九計。不免飄飄西復東。是空中忌見空也。

又云。建祿臨空虛有名。平生向學者無成。若逢馬貴來相救。縱得官時又復停。是建祿忌見空也。

又云。甲寅戊午及庚申。丑上天中最不仁。木分生來當受。因逢五鬼遂衰貧。以甲寅水見辛丑土。為鬼來。故命戊午見丁丑庚申見乙丑。同是空亡忌剋命也。

又云。六旬後兩號天中。見合長生旺不凶。加臨衝尅兼刑祿。官職升騰位更隆。如己酉丑人。丁丑月。癸未日。戊午時。午未空亡。兩戊癸之火旺在午。反為貴格。是火虛有焰也。

又云。印綬之星中見空。順臨墓庫福重重。若還祿貴歸元位。帶煞須為給事中。如甲午。癸酉。丙子。壬辰時。雖空。卻與癸酉作六合。又庫墓夾貴。所以入格。是水空則流也。

經云。金空則響。火空則明。水空則清。木空則折。土空則崩。此之謂也。

又曰。人命空亡本不好。若運衝刑尅為虛煞。土人遇之。飛聲走譽。如甲申。丁丑。乙卯。甲申。行壬午運作當路。乙未。乙酉。乙丑。丁亥。行辛巳運作監司。大振聲望。若壬寅為空亡。壬申同類衝之。則不動。此為最毒。

有截路空亡。正如人在途。遇水則進不可以濟。故曰截路。只以自取時見之。如甲己日遁十二時中。申酉上見壬癸。故甲己見申酉。乙庚見午未。丙辛見辰巳。丁壬見寅卯。戊癸見戌亥。此二時上俱遇壬癸為水故也。此空亡非但命見不吉。凡出入求財交易上官嫁娶。百事皆忌。

有四大空亡。六甲中甲辰甲戌二旬。金木水火土全。內甲子甲午旬獨無水。甲寅甲申旬獨無金。此四旬者。五行不全。如甲子甲午旬生人見水。甲寅甲申旬生見金。謂之正犯。如當生年申不犯。行運至水金處。亦謂之犯。若帶得。主一生蹇滯。不問貧賤富貴。皆夭折。三處重遇。瞬息為期。壺中子云。顏回夭折。只因四大空亡。正謂此也。

洞微經有五鬼空亡。甲己人見巳午。乙庚寅卯。丙辛子丑。丁壬戌亥。戊癸申酉。限至斯鄉。主貧。

有尅害空亡。甲乙人見午。丙丁申。戊己巳。庚辛寅。壬癸酉丑。主尅害妻子。

有破祖空亡。甲乙丙丁同上。戊己人見戌。庚辛子。壬癸寅。遇者主破祖業。須併論之。

論元辰　屬毛頭星。一名大耗

元辰者。別而不合之名。陽前陰後。則有所屈。屈則於事無所伸。陰前陽後。則直而不遂。於事暴而不治。難於同事。故謂之元辰。是以陽男陰女。在衝前一位支辰。陰男陽女。在衝後一位支辰。假如甲子生男。與甲午對衝。即乙未為正。乙丑生男。與乙未對衝。即甲午為正。餘干午未半之。所以為凶者。當氣衝之地。左鼓則風煞在右。右鼓則風煞在左。故陰陽男女。取衝前衝後不同。若運歲臨之。如物當風。動搖顛倒。不得寧息。不有內疾。必有外難。雖富貴崇高。勢位炎盛。大運逢之。十年可畏。立朝立當竄逐。居家必罹凶咎。縱有吉神扶持。不免禍福倚伏。尤忌先吉後凶。發旺之後。欲出未出之際。禍不可逃。人命遇之。主形貌陋朴。面有顴骨。鼻低口大。眼生威角。腦凸臀高。手腳強硬。聲音沉濁。生旺則落魄大度。不別是非。不分良善。顛倒鶻突。死絕則寒酸薄劣。形貌猥下。語言渾濁。不識羞辱。破敗坎坷。貪飲好情。甘習下流。與官符併。多招無辜之撓。帶劫煞則不循細行。動招危辱。窮賤無恥。婦人得之。聲雄性濁。奸濫私通。奴賤鬼魅。為憑不遵禮法。一生多災。雖生子拘而不孝。常術鼠忌羊頭歌。未分男女。不足憑也。珞琭子以宣父畏其元辰。林開以元辰惡煞為災甚重。有五換遇者。尤為不吉。忽然遇合。又以吉論。洞玄經云。元辰遇合而大亨是也。廣信集取巫汲參政。己卯。甲申。己巳。甲戌。滕康樞密。乙丑。壬午。乙丑。壬午。二命豈不犯元辰。李吉甫曰。大凡貴命須逢煞。即得君王橫升擢。淋開一偏之見也。徐子平云。元辰者。命中元有所害之辰。如甲見申庚。乙見酉辛之類。人生歲月日時原有七煞。且為所害之辰。歲運復遇。謂之犯元辰。為害尤重。元無則輕。然元辰一煞。與亡劫羊刃空亡同類。觀珞琭子消息賦自見。雪心賦云。元辰水去。亦指神煞之名。是古人之說是也。

論暗金的煞　今選擇家以月取。謂之紅煞日。凡百皆凶。出行尤忌

此三煞。乃先天數之申衝也。夫子午之數名九。卯酉各六。總為三十。自子順行。極三十而見巳。是謂四件之正煞。寅申各七。巳亥各四。總二十有二。自子順行。極二十二而見酉。是謂四孟之正煞。辰戌各五。丑未各八。總二十有六。自子順行。極二十六數而見丑。是謂四季之正煞。是起於數者然也。凡神煞者起於數。與祿馬同類。此一煞而有三名。一曰吟呻。二曰破碎。三曰白衣。子午卯酉在巳。寅申巳亥在酉。辰戌丑未在丑。巳者。金生之地。巳中臨官之火。金氣臨尅。主杖楚刑獄呻吟之災。故曰吟呻。酉者。金旺之地。煞物當時。又有辛金相助。萬物當之。無不破碎。主支離流血之災。故曰破碎。丑乃金之庫墓。居四季而臨鬼門。主妨害喪服哭泣之事。故曰白衣。五行中惟金能煞物。故總名曰暗金的煞也。其神生旺。主人寬宏大器。決斷有為。形容清峻。若不夭喪刑傷。須有癩病癱瘓。死絕則慘害尅毒。形容紅白。巧言令色。笑裡藏刀。與官符併。則橫來官災。與劫煞併。則橫來死喪。與白虎羊刃併。則流血傷殘。與貴人建祿併。則稍慢。五行旺相。吉神相救。入貴格則無害。入賤格再值一切凶神則愈凶。又曰。金生處主大風癩瘓之疾。金旺處主水蠱毒藥之病。金墓處主尅子惡死之憂。若帶三刑總貴。主有高官持兵權。大抵此煞不吉。人命逢之。固所不宜。歲運逢之。亦主孝服哭聲。

三命通會 卷三

[illegible]

有四大空亡[illegible]

[illegible]

經云：金空則響，火空則明，水空則清，木空則折，土空則陷。

[illegible]

盜賊侵擾口舌破耗小兒犯此湯火之厄不然身有瘢疤破綻之象經云諺戾無過於刑害有時而吉乖違莫甚於衝破未必皆凶此之謂也

論災煞 一名白虎煞合見申子辰全遇羊刃方是白虎與災煞微不同

災煞者其性勇猛常居劫煞之前衝破將星謂之災煞如申子辰將星在子午卻去衝子寅午戌在午子卻去衝巳酉丑在酉卯卻去衝亥卯未在卯酉卻去衝是災煞也神白云類水逢星照虛空怕日烟庚辛夏躅戰木不引雞眠四柱交加見福少禍連綿此煞主血光橫死在水火防焚溺金水羊刃上墜落瘟疫魁身大凶若有福神相助多是武權亦如劫煞之類要見官星印綬生旺處為佳神白經云災煞畏爭魁生處卻為祥正謂此也

論六厄

厄者遭乎難者也常居馬前一辰卻後二辰死而不生謂之厄申子辰水局水死在卯寅午戌火局火死在酉亥卯未木局水死在午巳酉丑金局金死在子所以為厄若有救護有扶持逢生旺兼貴氣相助則吉究竟一生蹇滯壺中子云六厄為刺官之煞李廣不封侯是也

論勾絞 一名爪牙煞

勾者牽連之義絞者羈絆之名二煞常相對衝亦猶亡劫陽男陰女命前三辰為勾命後三辰為絞陰男陽女命前三辰為絞命後三辰為勾假令甲子陽命人卯為勾酉為絞乙丑陰命人辰為絞戌為勾之例古歌云爪牙煞去命三辰大忌金神羊刃臨夾煞魁身無福救必遭蛇虎傷其身此煞大忌金神白虎併則凶牛馬犬畜等傷亦是不獨虎狼也不魁身與福同宮者不用大抵此煞凡命遇之身若魁煞多心路計巧主掌刑法之任或為將帥專行誅戮煞若魁身主非命而終小人逢之非橫災禍行年至此亦主口舌刑獄等事又云值兩位全者災重一位者輕又云有鬼則災重無鬼則災輕

論孤辰寡宿 及隔角煞

先賢有云老而無夫曰寡幼而無父曰孤此其義也辰謂星辰宿謂星宿指其神也人命犯此星辰則孤寡如是如亥子丑運方三位進前一辰見寅為孤退後一辰見戌為寡又過角為孤退角為寡其餘三方皆依此推乃陰陽閫帳之義也夫寅為春始辰為春末巳為夏始未為夏末申為秋始戌為秋末亥為冬始丑為冬末皆陰陽支離之神四時代謝之方三車云造物中以生我者為母魁我者為夫我魁者為妻亥子丑屬北方水位水用金為母金絕於寅是母絕也用火為妻火墓在戌是妻墓也申酉戌屬西方金位金用火為夫火絕在亥用木為妻木墓在未巳午未南方火位火用木為母木絕在申用水為夫水墓在辰寅辰卯屬東方木位木用水為母水絕在巳用金為夫金墓在丑是取母絕為孤辰夫墓妻墓為寡宿其義尤切珞琭子云骨肉中道分離孤寡猶嫌於隔角王門集云寅申巳亥為角辰戌丑未為隔進者為陽不利父退者為陰不利母又云在陽宮為父在陰宮妨母如寅卯辰人巳為孤丑為寡辰為陽之位丑巳為陰之位男女生命見之雖親生見女多不和順王氏云男命生於妻絕之中而逢孤辰平生難於婚偶女命生於夫絕之位而遇寡宿屢嫁不能偕老如辛丑人得庚寅寅為丑孤辰丑為寅寡宿寅丑互為孤獨隔角言丑寅中有艮卦隔乾坤艮巽四猶之角也

燭神經云凡人命犯孤寡主形孤骨露而無和氣不利六親生旺稍可死絕尤甚驛馬併放蕩他鄉空亡併幼少無倚喪弔併父母相一而亡一 生多逢重喪叠禍骨肉伶仃單寒不利人貴格贅婿家入賤格移流未免鬼谷遺文云逢屬不言孤寡如亥得寅戌寅得丑巳或支干朝會包裹貴人雖犯孤寡不以孤寡論廣錄云井欄斜衝是孤辰寡宿更天干帶倒食謂之井欄倒食若巳午未人再生夏三月是帶兩重孤寡主魁妻害子少六親不聚財多生女更帶諸凶煞主不令終珞琭逢云憑陰察其陽禍歲星莫犯於孤辰特陽鑑以陰災天年忌逢於孤宿蓋言小運太歲不可犯之陽以孤辰為重陰以寡宿為重瑩和尚云子午卯酉有死氣辰戌丑未四墓之鄉人或值之孤中孤也當以寅卯辰居午巳午未在酉申戌酉逢子亥子丑臨卯此是孤辰隔角辰戌得次亦然以寅申巳亥為天地之角今隔此四位故自孤辰氐以寅日丑時巳日辰時申日未時亥日戌時名惆悵煞主咨嗟不足雖富貴亦然君子玷青庶人刑徒不獨孤寡巳也若戌日巳時丑日卯時辰日午時未日酉時互換看之君子主癰疽致命庶人血光致死日時損魁妻子胎年損魁父母名血光煞沈芝又以子人見亥亥人見子丑人見戌戌人見丑寅人見酉酉人見寅卯人見申申人見卯辰人見未未人見辰巳人見午午人見巳各兩位依次數之日時遇着定主孤寡少失六親年時犯若不過房必魁父母此又一說

論天羅地網

羅網之說其義甚明然何以戌亥為天羅辰巳為地網蓋天陷西北戌亥者六陰之終也地陷東南辰巳者六陽之終也陰陽終極則暗昧不明如人之在羅網此其義也壺中子云龍蛇混雜偏不利於辰生猪犬侵凌但獨嫌於亥字龍為辰蛇為巳辰人得巳巳人得辰皆曰龍蛇混雜男命則不妨惟女命破婚害子薄命抱疾辰人得巳重巳人得辰輕謂龍生蛇穴者進蛇生龍穴者退猪為亥犬為戌戌人得亥亥人得戌皆曰猪犬經凌女命則不妨惟男命則迍滯齟齬妨祖尅妻戌人得亥輕亥人得戌重謂犬入猪群則進猪入犬群則傷諸書亦云龍蛇混雜常妨婦女受危猪犬侵凌每慮丈夫厄難是男怕天羅女怕地網中間又分火命人有天羅水土命人有地網餘金木二命無之人命帶此多主蹇滞更加惡煞相併五行無氣必主惡死行運至此亦如之假令戌年戌月初一日生者犯一年天羅十五日生者犯十五年天羅若更生時是戌增成三十年天羅或戌年亥月或亥時戌日交互見之謂之重犯則災不能敺地網如上說若天羅地網重併為害尤重理愚歌云生時地結與天盤爭使親閒得久安如甲辰命見甲戌甲戌命見甲辰只此二辰主人是就羅網中言之也

論十惡大敗

十惡者譬律法中人犯十惡重罪在所不赦大敗者譬兵法中與敵交戰大敗無一生還喻極凶也六甲旬中十個日值祿入空亡如甲辰乙巳甲以寅為祿乙以卯為祿甲辰旬以寅卯為空亡壬申者壬以亥為祿甲子旬以亥為空亡餘如丙申丁亥庚辰戊戌癸亥辛巳乙丑等日皆倣此命中犯者當以日上見之為是其餘不論況犯者未必皆凶若內有吉神相扶貴氣相輔當為吉論

元白經曰十惡都來十個辰逐年有煞用區分如庚戌年見甲辰日辛亥年見乙巳日壬寅年見丙申日癸巳年見丁亥日甲辰年見戊戌日乙未年己巳日甲戌年見庚辰日乙亥年見辛巳日丙寅年見壬申日丁巳年見癸亥日蓋以年支干衝日支干無祿為忌餘悉無妨

釋教玄黃經又以甲己年戊辰月戊戌日壬申月癸亥日乙亥月丙申日丙子月丁亥日乙庚年辛巳月壬申日甲戌月乙巳日丙辛年壬辰月辛巳日戊戌月庚辰日己亥月甲辰日戊癸年己未月己丑日丁壬年無如人命甲己年三月七月十月十一月生恰遇此四日又分別甲子旬生恰遇壬申甲辰旬生恰遇乙巳在日上見方是其說光的有四廢日春庚申夏壬子秋甲寅冬丙午三歷會同又添辛酉癸亥乙卯丁未廢者困死無用之謂也凡命帶此作事不成有始無終

有天地轉日春乙卯辛卯夏丙午戊午秋辛酉癸酉冬壬子丙子乃干支納音俱專旺於四時之謂也凡命值此日生於四季更本命又到此旺成功不退物過則損主夭折玄徽賦云韓信被誅只傷天地轉煞是也如顏子己丑辛未丙午戊子夏生見丙午加以本命又到此旺雖亞聖造化太極至庚申年壽止又一命丙戌丁酉辛酉己未秋生而遇辛酉雖本命是土丑申年庚戌月壽止大抵造化最喜中和太過不及皆不為凶上四日為遇遇死囚謂之不及天地轉日乃過遇健旺謂之太過非中和也若柱中不及有生扶太過有制抑不在此論

論干支諸字雜犯神煞

古人製字各有取義神字之訓為木自斃水土絕於巳故汜字之訓說文以為窮瀆圯字之訓為岸圯及覆火衰於戌故滅為藏金衰於丑故鈕為鍵閉草核為亥木根於艮金遇十為針白遇十為阜水遇十為汁之類是可以不論乎故甲乙十干子丑十二支古人製字必有深義試以字形言之甲丙丁壬辰字謂之平頭煞若見三四帶空亡者定為僧道命書云人命犯甲乙丙丁一路無間主腦害男尅妻女尅夫甲癸未申酉屬破字甲癸酉必損眼未申患心腹疾更有時入害鄉干神受制者不虛甲辛卯午申屬懸針五行元無氣不值德神定是軍人三命纂局云甲辛三四號懸針眼疾還多嶮厄臨被刑帶煞須徒配多是為軍刺面人戊庚戌屬杖刑鋒刃倒戈若帶羊刃蝕食定犯徒流惡死乙巳丑己屬闕字曲脚煞犯多者必有闕唇穿耳支體不全若無德合五行無氣穀帛不克寄食他門命書云己乙己乙巳丁己人命日遇主尅頭妻李九萬云凡己酉丑三合全天干帶己字者主唇齒不全之疾一生招人唇吻四柱有己乙者名曲脚煞帶多主養他人為子不然養於他人為子丙壬寅酉為聾啞字若犯多者及胎中受害時蝕於日必患聾啞又酉日戊時生亦主此患及頭面惡瘡此是時破日也歌曰平頭必是為僧道破字終須失眼明帶煞懸針須刺面徒流多是仗刑併饑貧不幸逢空缺相綻兼知不十成惟是相遭聾啞字空亡無氣定來精若還曲脚多多帶父子須教兩姓生又壬癸人得酉字或酉人得壬癸字水從酉為酒遇吉因酒成家凶則破家或醉死乙字為披頭若重見者或

[illegible]

論十干大數

[illegible]

師巫或娼優併天乙天德為高官丙戌二千若在寅卯上名仇讐晦氣主招謗怨多與人競乙己癸三千全非四肢眼目破傷則中年後犯刑甲乙庚三千全主失明或少年班瘡損眼乙癸二千不可同見丑字主富貴少壽辛二千不可同見巳字主傷父母經云乙癸同午寸陰難保丁辛二千父母多傷丙辛二千不可見巳丁壬二千不可見午申名目類應主平生歇瘡乙辛二千不可同未庚壬二千不可同戌名曰反傷主富貴中夭壽小人刑戮之災經云乙辛逢釆是天牢四位同宮禍患遭庚壬過戌須徒配災若來時不可逃

總論諸神煞

神煞古有百二十名其說穿鑿支離造化恐不如是除羊刃空亡劫煞災煞大煞元辰勾絞咸池破碎羅網衝擊天空懸針平頭倒戈等煞命中切要者已備論於前矣茲以諸星家考驗有理復備敘於左

自縊煞　此煞取五行反擊處如戌人巳巳人戌辰人亥亥人辰寅人未未人寅卯人申申人卯午人丑丑人午午人酉酉人子是也大忌相魁天元是墓更有天中官符大耗者定凶

水溺煞　此煞取丙子癸未癸丑土帶咸池金刃羊刃益丙子納音水又子為水旺之地未為井宿之居丑為三河之分更納音魁身決不可免古歌云劫煞魁身名頭墜大金神羊刃防同位要知自縊最凶神戊己辰亥併寅未子酉一例為凶煞卯申丑未依前是大忌空亡兼墓鬼官符大耗仍須避丙子癸未併癸丑咸池金煞羊刃畏五行更若來魁身一死懸梁一溺水

掛劍煞　此煞取己酉丑申四柱純全者是或重帶己酉丑亦是更犯官符元辰白虎金神等類五行刑尅本命者主凶暴殺人或反為人所殺詩曰己酉丑申金氣全從革局多名掛劍元亡金虎併尅身縱不殺人身豈免

天火煞　此煞取寅午戌全而天干有丙丁五位中全不見水者是有水則非若年運至大氣生旺處當防火災詩曰寅午戌全號人火不見丙丁猶自可五位都無一水神生旺臨年災厄火余命寅午戌全月干有癸行戊午運戊癸化火甲戌年甲戌月遂遭火災育吾自記

天屠煞　此煞除子日午時子時外自餘丑日亥時亥日丑時寅日戌時戌日寅時卯日酉時酉日卯時辰日申時申日辰時巳日未時未日巳時依次遂兩位數之君子犯者主暴疾腸風腳氣小人折損肢體重犯者主徒配

天刑煞　此煞取子丑人乙時寅人庚時卯辰人辛時巳人壬時午未人癸時申人丙時酉戌人丁時亥人戊時取時刑尅本命犯者遭刑有疾

雷霆煞　正七二八子寅方三九四十辰午當五十一申六二戌必主雷轟虎咬亡又云正七下加子二八在寅方三九居辰上四十午位傷五十一申位六十二戌方正月起子順行六陽位此煞人命遇之如逢祿貴吉星臨壓則吉好行陰隲為法官掌雷霆行符勅水之人或成佛作祖之輩如遇羊刃的煞飛廉等會命限必凶主墮於天真雷傷虎咬天譴瘟疾或溺水囹圄死

呑陷煞　猪犬羊逢虎必傷猴蛇相會樹頭亡犬逢雞子遭徒配兔赶蛇歌走遠鄉鼠見犬來須惡死馬牛遇虎定相戕兔猴逢犬難迴避龍來龍去水中殃凡人若臨時日值三合為災仔細詳以年支為主

官符煞　取太歲前五辰是日時遇之平生多官災更併羊刃乃刑徒之命若官符落天中多郡誕不實名妄語煞

病符煞　取太歲後一辰是犯者多疾病行年遇之亦然

死符煞　取病符對衝是月時日犯之無貴神解故凶惡短折

喪弔煞　一名鎖關煞取命前二辰為喪門命後二辰為弔客其或太歲凶煞併臨大小運限必主禍古詩云五官六死十二病三喪十一弔來臨可見此十二宮一太歲歌不惟命犯不吉流年尤凶若月有羊刃來佐凶煞臨時則橫關也古歌云橫關一煞少人知月祿凶神又及時縱有吉星重疊至不遭刑戮也傾危喪門即地此弔客即天狗

宅墓煞　命前五辰為宅命後五辰為墓怕宅墓受歲劫等煞家破本命之宅主呻吟

月刑煞　以本生日上數甲子本日干住陽干順數陰干逆數若在命宮主極刑三合主徒配對宮主外死

流血煞　以本生月起子順數至本年住若在命宮三台對宮主癰疽庶人徒配婦人產厄

劍鋒煞　甲子旬過劍辰鋒戌甲午旬劍戌鋒辰甲寅旬劍午鋒申甲申旬劍子鋒寅甲辰旬劍申鋒午甲戌旬劍寅鋒子隨在各宮斷如第七宮損露子第四宮損田宅

戟鋒煞　正月起甲二月乙三月戊四月丙五月丁六月己七月庚八月辛九月戊十月壬十一月癸十二月己逐月旺干加臨日時帶兩重者凶更與懸針相見主決配傷殘

浮沉煞（血刃同） 從戊上起子，逆行至本生年住，却從年宮數看在何宮。只在財帛宮名串錢，主富蓄餘留。凶甲乙己庚壬人犯之稍輕，丙丁戊辛癸人犯之重。在寅午戌申未年中。此煞多主水厄，仍各隨宮分論災。如在田宅，則主破祖，餘宮類推。

破煞 此煞卯與午，丑與午，丑與酉，未與戌，皆損破。惟寅申巳亥原破却三合，故不敢犯者主少年災滯，財產耗散，兼身有折傷之災。

返本煞 五行無貴氣，下尅上為返。歌曰：五行死絕併來時，此格如閑得久隨。更忌日時尅年主，定無官貴切須知。如甲子金命得戊午日，又胎月日時多帶寅巳犯者，定主孤立，或富或貴，一旺便尅傷父母尊長。

陰陽煞 女屬陰而喜陽，命得戊午旺火為正陽；男屬陽而喜陰，命得丙子旺水為正陰，是陰陽和暢。故男得丙子，平生多得美婦人；女得戊午，平生多逢美男子。日上遇之，男得美妻，女得美夫。大忌元辰咸池同宮，不論男女皆淫。如男得戊午，多婦人相愛；女得丙子，多男子挑誘。更看有無貴賤消息。

淫慾妨害煞 壺中子云：老醉秦樓十二，真緣重犯八專；少亡楚同八千，應是疊逢九醜。蓋言八專為淫慾之煞，九醜為妨害之辰。八專乃甲寅、乙卯、己未、丁未、庚申、辛卯、戊戌、癸丑是也。日上有不正之妻，時上有不正之子，女人犯者不擇親疏，犯多者尤緊。九醜乃壬子、壬午、戊子、戊午、己酉、己卯、乙酉、乙卯、辛酉、辛卯是也。婦人犯者主產厄，男犯多醜不令終。

孤鸞寡鵠煞 古歌曰：木火逢蛇大不祥，金豬何必強猖狂。土猴木虎夫何在，時對孤鸞舞一場。乃乙巳、丁巳、辛亥、戊申、甲寅，又丙午、戊午、壬子等日，男尅妻，女尅夫。

陰陽差錯煞 乃丙子、丁丑、戊寅、辛卯、壬辰、癸巳、丙午、丁未、戊申、辛酉、壬戌、癸亥十二日也。女子逢之，公姑寡合，妯娌不足，夫家冷退；男子逢之，主退外家，亦與妻家是非寡合。其煞不論男女，月日時兩重或三重犯之極重，只日家犯之尤重，主不得外家力，縱有妻財，亦成虛花，久後仍與妻家為仇，不相往來。

臨官遇劫，名桃花煞。 主好酒色。

返吟遇梟，名短壽煞。 主傷妻子。

桃花紅艷煞 亥卯未在子，巳酉丑在午，寅午戌在卯，申子亥在酉，為桃花煞。甲乙逢午，丙寅，丁未，戊子，己辰，庚戌，辛酉，壬子，癸申，為紅艷煞，女命最忌之。

以上諸煞，凡言尅身，謂凶煞下納音尅生年太歲納音；臨身，謂凶煞帶太歲納音於本位也。太歲被臨於死敗絕位，便遭不測之災。若但在身有氣處被尅，災重；被臨則輕；惟太歲納音尅煞則吉。如人命已入貴格，緊要處帶煞，有福神助之，則名為權柄；無福神助之，又煞氣乘旺，遇互往還，或刑尅本主，下賤惡死。又云：一切福神所居之位則欲生旺，生旺則榮貴；一切煞神所居之位則欲死絕，死絕則善終。又云：凡福神欲令得旺，氣忌有敗之者；凡凶神欲令得衰，氣忌有助之者。又云：相衝相破，三合六合，命中有之，求五行相得何如，或禍中生福，福中生禍。如死絕從生，空亡受破，相尅相成，則禍中生福；反此則福中生禍。命書云：道逢賤吏，豈無驛馬；樊噲市井博徒，亦有三奇夾貴。子平云：君子格中也起七煞陽刃，小人命內亦有正印官星。由是觀之，吉凶神煞不可拘定，輕重較量，要在通變。大抵凶煞所居干神，不宜帶真鬼尅傷本身，雖見官星，尚變為鬼，況是真鬼，其為災禍明矣。

寅申巳亥四宮互換神煞

當年同榜拜丹墀，文業雖齊祿不齊。生死榮枯千百樣，為緣煞局有高低。煞局十二宮中皆有之，寅申巳亥為最，以亡神劫煞貴人長生祿馬同位故也。人命逢吉神多則吉，煞多則凶。

煞中包煞方為貴，不在年干在日時。帶貴自生方是吉，力停爭戰又非宜。煞中包煞，足長生帶貴，則變煞為生；無吉則煞無變，非一煞吉二官也。不在生年下頭及生年納音，全在日時見煞，煞自長生，方可作吉。如一命庚子、壬午、辛巳、辛卯，癸酉胎，子午卯酉蛇頭閥日，因位全破碎在巳，子人納煞在巳，是門位煞聚於辛巳，全自長生。又一命乙巳、乙酉、己未、壬申，是壬申為亡神聚貴，又自旺為權，故皆大貴。力停，如戊午丙子之類，兩邊當旺，各自為巳，相對相尅，謂之戰不勝者果敗。林開曰：力停爭戰，寡不敵衆，受降者得福，此之謂也。

自生自死自臨官，分散英靈氣不完。因弱一強方是福，迭為賓主便分權。四柱中只要一位長生專旺，方可聚斂精神；若年月日時又生旺，謂之分散英靈，反主不貴。如癸亥、戊午、丙子、己亥，四位各自生旺，迭為賓主，心性雖巧口，一術士。如一命壬寅、壬寅、庚辰、辛巳，納音三位全同長生於時，是聚斂精神，乃為貴。

談命先須挑煞局，星辰要看主宮星。兩般強弱能分別，禍福何愁斷不靈。

煞局不多元百個，亡神劫煞皆為禍。若逢祿貴及長生，反煞為權聲譽播。

如無祿貴是奸頑，不忙不急足機關。更帶三刑作僧道，難和骨肉必傷殘。

長生甲申申並巳亥，辛巳宜堪見丙寅，沙漠揚威奸僧破，調羹鼎鼐廟堂人。

寅申巳亥喜長生，胎元湊足最為榮，四方四馬人聲價，紆紫拖朱居帝京。甲申、乙亥、辛巳、丙寅四位，為真長生，如是亡劫，更帶祿馬貴人同到，必主揚威沙漠。如一命乙酉、乙酉、乙酉、甲申，四水皆生於申，三貴又聚於申，自得長生，又在旬內，故大貴。

煞神和主兩長生，富貴榮華莫與京，若有貴人兼帶合，定知金殿玉階行。神煞自得長生，年頭納音又隨神煞同長生生於日時，謂之真長生，又謂之生處逢生。如壬寅見揚己，乙酉見甲申之類，必主大貴。

凡事有權須帶煞，權星須用煞相扶，五行俱善無權煞，即得權星命又孤。造物不能兩全，所以神煞主權，又不免刑尅多孤。

一座亡神性機密，兩座亡神須決脊，三座亡神生不生，逞奸不亡終惡疾。亡神重於劫煞，以太過也。如壬子、丁未、辛亥、己亥，兩重亡神決配，貧薄。

一重劫煞福胚胎，兩重刑法盜資財，三重凶狠人頑惡，生不生兮命惡推。劫一重若帶貴或自生旺，主發達，縱尅我亦無害；若三重死絕無氣，必是賊徒，主惡死。如辛丑、丁酉、乙未、戊寅，犯官司，後大發。如辛丑、戊戌、丁亥、壬寅，讀書及第，改官就祿，丁亥合起，故貴人也。

有煞方能始煞財，我尅他時是福媒，煞自受降財自至，不須祿馬貴人來。人命有亡劫二煞，始能煞財，大要我去尅煞為吉，煞來尅我為禍。若甲子見己巳福，見乙巳貧之類是也。

盡說貴人能壓煞，亡劫多時依舊貧，自衰竊氣難憑貴，煞凶貴善又無功。如辛亥、庚寅、甲申、丙寅，祿亥寅六合，合起吞噬亡劫，為凶故，一生修讀，竟中風不第。若無貴人，決然惡死。又己巳、壬申、甲寅、壬申，刺配吏也。

五行不用多神煞，劫煞臨官須早發，煞自為權三兩重，癆瘵身亡嫌骨熱。

重逢帝旺亦如然，七傷五勞下九泉，生劫重重人早死，臨官帝旺尚遲延。如辛未、辛丑、壬申、戊申，早發而嘔血癆病。甲戌、庚午、戊辰、戊午，亦病纏身。

日月逢德禍必輕，煞來尅我也無逸，日時亡劫貪盃酌，只喜長生及貴人。日時帶亡劫，全者，主貪酒色，成病疾，只宜藝術九流，月日逢天月德，縱有福，亦輕。

寅申巳亥若逢全，長生不遇命難延，謀高胆大終遭辱，結果應無莫犯天。如韓平原，壬申、辛亥、己巳、丙寅，如此大貴，不免斬首。常人必無結果。又諸沖犯，翰林命甲申、丙寅、壬午、辛亥、丁巳胎，辛巳年被禍。

劫孤二煞怕同辰，隔角雙來便見迍，丑合見寅辰見巳，戌人逢亥未逢申，初年必主家豪富，中主貴，因刑及身喪子喪妻還尅父，日時闘湊不由人。丑見寅為例，謂之劫帶孤辰，主刑尅孤貧，僧道九流人，庶幾。一命癸未、庚申、己亥中年退散，喪身遠配。一命己未、壬申，又見申時，却有貴人不妨，但刑尅父母無子。

劫孤帶貴長生兼，使主威權福壽全，若不長生逢貴氣，也應白首置庄田。如辛丑見丁亥，壬寅者為官，見戊寅，先犯官司，後富祿。丁亥是臨官，又合貴，力重故也。

古老三命分強弱，劫煞亡神最凶惡，聚衆攻身大不祥，不貧即夭填溝壑。聚衆乃亡劫回寡隔角破宅大耗懸針等類。如己卯見庚申，癸卯見甲申，尤是緣尅主也。

亡神劫煞不宜全，莫當得黨尅生年，羅紋不戰也凶惡，生死榮枯在目前。如癸酉、辛酉、壬寅、壬寅，被生觸出骨病，五已而後死。

凡是凶神莫尅年，年尅便主禍連綿，煞神各自分輕重，我尅卯兮煞變權。凶神惡煞，官尅出。吉神貴人，宜尅。

大富大貴憑煞權，煞宜居後甚宜先，單逢亡劫大元秀，定亂安邦作大賢。如一命癸酉、庚申、丙子、丙申，酉為主，在前申為煞在後，庚申煞受制，丙申鬼病，金旺故貴。

最凶卯酉見寅申，卯見申兮煞帶針，破宅破田併大耗，離居離祖更孤貧。

金見寅申必破家，平生造屋愛奢華，設居富貴應無久，祀業非官火炬花。命實祿宅，不宜同亡劫，卯酉生人不宜見寅申，謂之破宅煞，若亡劫懸句大耗偏鼻在其其上見全寅申者，旁造屋賣，若非官司抄沒，必主燒毀，先富後貧，如乙酉、癸未、庚寅、甲申，女命繞嫁夫，火燒其屋，出訟，賣盡田園而離祖。

子午生人一例推，巳亥卯堪在日時，尅主更嫌他有黨，耗財破產決無疑。如戊午、癸亥、癸巳、甲寅，又甲寅胎，是煞得黨三次授軍，後作丐者。戊午、癸亥、癸巳、丁巳，一上制二，水火復臨官，富足，血孤離祖。

上宮亡劫主刑妻，破碎臨官一例推，尅後依前婚室女，壬生音助歲必低。日為上宮，時為帝座，如見亡劫大敗臨官帝旺，皆主尅妻，天干助生納音又生，主再婚室及不然，或以妻為妻。

貴人祿馬上宮加，妻必賢能內克家，更有食祿兼帶合，腰如楊柳面如花。上宮見祿馬或貴人食神，必主妻賢內助，更兼六合，合起，主得美貌成家之妻。

亡劫孤寡發同辰，六親尅害必然真，日上逢之妻懸樸，時上逢之子未真，更與三刑同位到，若非僧道主孤貧。亡劫木孤，更值孤寡三刑同位，決然難為六親，日上尅妻，時上尅子，必然妻愚子拘。

凡處公門休帶煞，若逢亡劫便遭刑，許孛火燒臨四正，千里徒流枉喪身。凡處公門，不宜見亡劫，日生全見，必主配死，如隔見有合，亦主徒流，更火羅計孛子四正者，推上文。

祿馬嫌衝宜六合，煞神忌合喜刑衝，煞神遇合為凶煞，祿馬刑衝吉反凶。如甲子、乙亥、己亥、己巳，是合煞，被人殺死，如己亥、丙寅、甲寅、庚午、甲寅，與巳亥為雙合，若更尅身，則早死，今劫不尅，五十二春坐獄而死。

單逢劫煞或亡神，間有咸池及貴神，醫卜巫師或牙儈，隨緣度日免孤刑。日時單見一位亡劫，無貴人生旺而逢死絕之地，主貪盃好色，術藝之人方可。

回頭破碎煞非佳，煞反朝元禍不賒，酉丑兩宮攢煞轉，孤尅重重壽不遐。酉命人見寅申巳亥日時，生命人見辰戌丑未日時，謂之回頭破碎，主狹猾命夭，受尅者不滿三七。

子午卯酉若逢蛇，受氣長生必拜麻。煞神死絶相攢聚，宜作屠行賣肉家。

如一命庚子壬午辛卯，自中歷拜麻而又出之，緣煞氣太重。如己卯丁卯乙卯辛巳，殺者屠戶。

雙魚雙女主雙生，命入寅申字訃侵。男女兩途逢朔望，望過一子一為陰。

三刑隔角更空亡，華蓋重併主過房。必是雙生或庶出，不然重拜兩爺娘。

巳為雙女，亥為雙魚，以蛇有兩頭，魚有比目，故名。命帶巳亥寅申戌主命，反火羅討孛坐命。華蓋併於空亡，三刑孤隔，多是雙生，不然庶出過房，或尅害父母兄弟也。

雙辰一煞最刑傷，干帶同干支帶雙。六合併逢亡劫煞，叢林之內禮空亡。重拜偏生併寄養，男當鰥寡女居孀。只為重犯雙辰煞，更有平頭一例詳。

雙辰者，干支兩位是也，多主孤尅。如癸亥癸亥丙申丙申，謂之亡劫雙辰煞，是一長老。如乙亥丁亥己卯丁卯，是一奴婢。如己亥乙亥丁酉己酉，是一過房。

寡宿孤辰不可當，犯全送老沒兒郎。其活卻宜三兩姓，好為僧道守空房。

合空合刃合咸池，空主聰明刃狠愚。合刃羅紋身惡死，宮刑苟免主顛痴。

有大六合、小六合、大三合、小三合、華蓋雙合、卑合、內合、外合、順合、反合、合空亡，主人好巧。合羊刃，更羅紋重疊互換，主惡死。如乙酉庚辰庚辰乙酉，非犯法徒刑，必破相有疾。

咸池不合也風流，合起奸淫老不羞。有合更兼來尅我，腸風消渴病為仇。

咸池主腸風，干尅及納音尅主消渴。如庚辰己丑辛巳丁酉，一生最淫，以己酉丑三合合起桃花也。

干頭帶合力還輕，三合應須辨淺深。順合也還觀反合，吉凶禍福要詳明。

如天干合、地支不合，為卑合。戌命人時日見寅午，為反合，禍福一般斷。地支逢衝，故主大凶。又丁巳壬申，天干地支六合，合起巳刑申，酒色破家。一女命壬申年見巳巳日，為娼。

亡劫不宜真六合，有合還宜有貴人。不遇貴人兼尅主，他不殺人人殺身。

亡劫切不宜合，未不宜尅主。如壬戌癸卯巳亥巳巳，雖不合，卻有巳之陰土尅主之陽水。

合貴之中更帶官，少年平步上雲端。合祿干頭兼得祿，三官鈞起福人看。

如辛未己亥丙午戊戌，謂之合貴，又謂合官，少年請舉。如辛未辛丑甲子丙寅，早年入仕。祿為丙寅之腸也。

貴人尅入最為佳，祿馬如斯皆可誇。微尅更兼逢六合，管教富貴享榮華。

凡貴人祿馬宜尅我，謂之尅入。有尅而又帶合，斷至妙矣。

子午卯酉四宮五換神煞

咸池四位五行中，偏野桃花閃嫩紅。男女遇之皆酒色，為其嬌艷美春風。

子午卯酉占天中，咸池羊刃煞相連。甲庚壬丙人相遇，慷慨風流醉管絃。

凡是咸池多性巧，更主風流貌比華。性急又兼多業藝，是非林裡反成家。

咸池一煞號廉貞，逢水妖嬈主亂淫。沐浴進神仍見貴，必教傾國與傾城。

咸池煞乃天之廉貞星也，凡命遇之，最不宜見水，主好淫。如更在沐浴之鄉，逢進神，傾國傾城貌也。

倒插桃花色更鮮，日時月裡反朝年。風流倜儻人奸妬，性巧聰明賢不賢。

如卯人見寅午戌月日時，酉人見申子辰月日時，反朝於年，謂之倒插桃花。主人性巧聰明，性急不能容事，多賢淑而有不賢處也。

錯亂咸池藝術人，休囚帶鬼最為真。空亡生旺心偏巧，能武能文篤鬼神。

咸池主藝術。如在旺宮，必術藝精奇高嘐之士。如空亡帶鬼氣死絕，必村巫武相工。

羊刃咸池在日時，心靈性巧事多知。旺宮性急墓宮緩，宿疾風流兼有之。

如甲戌人見卯，謂之咸池羊刃，又庚申見酉、庚辰見酉之類，主人多學多能，未免帶疾。

咸池為性本邪淫，申子辰逢癸酉金。亥子水人情色重，惡耽花酒病傷心。

時日咸池一兩重，名為咸煞反遭凶。暴水火離鄉死，咀呪瘟黃不善終。

咸煞者，即咸池在日時，主父惡死。屬火主火死，屬水主水死，屬土主瘟死，屬木主打死，屬金主刃死，各以五行推之。

日上咸池帶旺神，陰錯陽差華蓋并。妻家惹禍兼裝醜，若不刑離謗外人。

凡日上咸池，更有陰錯陽差華蓋破碎在其上，曾主妻不良，因妻之醜受辱。

貴人天上號文星，互換年時福氣深。四座羅紋重疊見，重逢生旺侍楓宸。

天乙貴乃天上至尊星也，若年與時上互換見之則吉，更得生旺有氣為上。如丙申己亥辛未己亥、辛巳丙申丙午壬寅，俱互換見貴。前命有氣為宰相，從命無氣為太守。又蘇東坡學士丙子辛丑癸亥己卯，水臨官於亥。大抵五行第一貴者福氣為官，併根互換貴人；第二貴者權煞為官，不可拜相；第三貴者秀氣而已。

貴人六合有陰陽，陰貴逢陽喜異常。若見羅紋兼有氣，少年天府姓名香。

羅紋貴人，年時互換是也。甲見丑為陽貴，未為陰貴。如甲寅辛未癸未戊午，合起陰貴，得女人財加。

進神白虎兼羊刃，歲煞懸針破碎同。誰識陰陽兼造化，乾坤感應自相通。

子午卯酉有四個進神、四個羊刃、四個白虎、歲煞、咸池、將星，兩個懸針破碎，合主禍福。

進神不可倒言奇，中間妙裏有誰知。進祿貴官方是吉，敗家時日進咸池。

如辛未見甲子，是進咸池，主孤貧。

進針進耗皆無益，羊刃咸池尤不吉。設逢天乙貴人臨，起倒無成貪酒色。

如辛未見甲午，是貴而帶懸針。

進神入命本無益，翻作耗神尤不吉。若逢暴敗與咸池，賣盡田園耽酒色。

進神懸針羊刃在日上，主生離死別，三妻之命；在時無子。

進神羊刃必遭官，日上屢教鼓盆，時上號為埋子煞。三刑同到入軍門，身兵頭，遲早須當不入軍門運限論。

進神羊刃更帶懸針暴敗三刑，必主因公得罪，入於軍門，不然惡死。如甲子庚午庚午己卯，四十四歲凶死。

白虎胎神氣象豪。大入癸酉便聲高。更逢羊刃兼飛刃。罵殺時人口似刀。

尅本如逢在日時。娶妻糊塗又刑妻。焦牙爆齒仍多口。方許和鳴福壽齊。白虎煞即五行胎神是也。如庚申、庚寅之木。見癸酉日時之類。

陰錯陽差因孝娶。外祖兩重或入贅。不然決要尅其妻。或者殘房來作婿。

陽差陰錯不風流。花燭迎郎不自由。不是寒房因孝娶。殘房入舍兩家仇。

女人逢者亦依然。真假公姑或續絃。否則有刑多寡合。外家寥落是前緣。

陰錯陽差煞最凶。日時年月莫相逢。孛星若也臨高位。自作媒人兩三重。如丁亥、丁未、壬戌、癸卯。頭妻偏生女。半年丙死。復娶一妻。如丙子、庚寅、丁丑、丙午。娶三妻。

陰錯陽差理更微。桃花帝旺莫相隨。若起官司因婦女。不因外祖便因妻。凡錯差會桃花煞。在帝旺之位。准上文。如庚午、己丑、辛卯、戊子。三次招女人官司。如辛亥、壬辰、辛酉、壬辰。因女人官司破家。如癸亥、戊午、丙子、己亥。因女人起事。其驗如此。

日時羊刃貼身隨。必主生離死別妻。互換懸針攢一處。駝腰狗背免流管。日時羊刃。主尅妻。若來尅身。主生離。一妻死。二妻。如丙午生見甲午之類。為貼身。年月日之刃聚於時。或三處刃聚於日。准上文。如丙寅、丙申、壬午、戊申。十八割頸。又女命丙寅、甲午、丁亥、庚午。為有日煞。雖免自縊。凌戶卻早生產死。終見血光。

女子逢之必夭傷。投河自縊樹頭亡。如逢天月德來救。免得凌戶死血光。

古言羊刃只宜男。不怒而威性不忙。寬慓剛廉人硬概。管教富貴享安康。如一命庚戌、乙酉、乙酉、乙酉。帶三重旺氣。羊刃不併華蓋、咸池、懸針之類。主有權作從化。得局看。所以大貴。

狼飡鯨飲是如何。羊刃重重亡劫多。計孛火羅臨四正。只圖醉飽在風波。四正子午卯酉是也。

神煞無多不易論。看他攢聚看他分。分開禍福皆分散。聚煞攢凶命不存。如甲戌、丁卯、癸卯、丁巳。一生富足無子。謂之分散。不合太多。壽不滿五十。如丙寅、壬辰、丙子、甲乙。謂之攢凶聚煞。貧賤早夭。

日中羊刃兼華蓋。只利妻先嫁一人。卒急寒房方免禍。貌如太美便風聲。六己生人見未日。己卯、己未人得之。若己亥。准上文。

煞神最喜落空亡。凶煞空亡大吉昌。祿馬貴人還減福。如逢相衝另一詳。空亡遇相衝則不空。宜生旺。忌死絕。

空亡生旺必聰明。死絕嘍囉語不真。犯盡空亡空裡發。空門藝術九流人。

貴人祿馬事非虛。神煞權高首位居。祿馬煞神如得貴。禹門汲浪化龍魚。

貴人祿馬在旬中。不帶空亡不帶衝。自旺自生兼帶合。桃花浪裡變魚龍。

休囚死絕均無益。衝擊空亡皆減力。任是侯門將相兒。只可隨緣度終日。如丙申、己亥、辛未、己亥。是貴人上帶長生。又煞在旬內。所以大貴。如己亥、庚午、庚午、壬午。犯太多。而逢死絕。所以為道人。

年月日時共一旬。還同兄弟一家人。若兼祿馬同旬內。金榜揚名顯二親。五行四柱皆在本旬。遇祿馬官貴則吉。遇羊刃破碎則凶。秀而不實。

為人性快是如何。生旺臨官馬更多。待物接人多慷慨。咸池逑爽更嘍羅。

勾絞三刑亡劫併。為人狡猾更沉吟。日時年月如重見。內蘊機關似海深。如甲申生見乙亥、辛巳之類。主一人如巧作事多詐。

平頭一路占天子。羊刃懸針煞關攢。相尅相衝無旺氣。披毛帶角畜生看。天子一路是平頭煞。如丙午、丁未之類。地支重疊。帶羊刃懸針。聚八位。傷立命。必傷殘。不然壽夭。

戊庚多者定披毛。重疊元辰命不牢。計孛火羅如守照。馬羊猪犬數難逃。

四柱刑胎父必傷。當於母腹便身亡。戊庚隔角平頭煞。背指青天壽不長。凡四柱刑胎者。早尅父。不吉。更有隔角、平頭、三刑、空亡。五行無氣。多是畜生。

辰戌丑未四宮五樣神煞

辰戌丑未為四印。戊己得之偏主信。甲乙若逢鄙且貪。丙丁或遇多貧病。庚辛格號母生兒。聚煞丑宮多短命。戊己屬土。遇四印為本宮。主信。甲乙逢之為財。財已入庫。主人貪鄙。丙丁得之。竊氣不貪則夭。庚辛為子。歸之於母腹中。或四位不全。在死絕之地。主人勾絞。使術數。或聚煞定在丑宮。多夭折。

天罡大煞占辰宮。大吉原來在丑中。小劫煞常居未上。河魁在戌定其踪。不知四柱四般煞。難定浮生吉與凶。人命辰戌丑未全。更有刑煞。主孤尅。

四柱四衝皆有刃。三刑華蓋一般同。若逢丑未干頭貴。金谷園中富貴翁。辰戌丑未四位。華蓋、羊刃、飛刃、墓庫、三刑。若金帶。如甲辰、甲戌、辛未、乙丑之類。自然享福。

戌重見戌未見未。丑重見丑辰見辰。時上疊逢華蓋煞。男女空亡寂寞春。更有羅火孛與氣。若臨身命一般論。

華蓋清閑藝術人。休囚生旺兩般論。文章醫卜兼師術。九流三道日時真。華蓋喜於自墓。乃可享清閑之福。否則僧道九流。如庚辰。

華蓋咸池兼帶鬼。不為巧匠便為師。鬼少五行兼有氣。不須黃冠便着緇。

墓庫逢華福壽基。六親孤尅似華夷。日妻時子分輕重。官不封侯定可知。如甲戌、甲戌、己未、甲戌。是墓庫逢華蓋。主享福壽。未免克父母。刑妻害子。尅我者重。合我者輕。為官卻不至封侯。

前言丑未怕逢寅。戌人嫌亥未嫌申。辰人嫌巳為孤劫。祿貴臨之是福神。劫孤二煞。更帶長生。逢貴祿尤好。

土旺辰戌并丑未。凡命逢之多性執。飛刃三刑同位見。性惡性剛兼性急。

襯之外貌似温和，怒髮衝冠奈觸何。若不刑妻併尅子，因親氣血不調和。

辰戌丑未屬土，所以揸執不拘單逢雙逢，但有羊刃飛刃，准上文。

羊刃四宮三兩重，音聲嘹亮或賸風。三刑同位來傷主，不配應當不善終。

既多羊刃，又有三刑同來傷主，不但刑妻子，且不善終也。

飛刃比和便主權，為人公議寡於言。剛方正大多欽仰，聲勢肥家遠近傳。

如帶羊刃，不要勉我，仍不要他旺太強也。他弱則降我為福，他強我弱則禍。如甲寅木見辛卯木之類是也。

帶來飛刃并三刑，凶很強梁不可親。好殺好欺仍好武，只宜他敗我生成。

相尅只宜藝術空門人。

刑尅重重好過房，古書辰戌是魁罡。破祖離家方吉利，只宜藝術與才郎。

辰為天罡，又為地網；戌為天魁，又為天羅。辰戌日時，未有不孤者也。中末年只宜守己。如

辰能合酉酉衝卯，辰卯之中六害生。未來合午午衝子，子未之中一般情。不是過房隨母嫁，或為僧道或孤貧。

五行鬼煞看輸贏，鬭戰伏降分重輕。他弱我強方得福，鬼強我弱便為凶。鬼多只利術醫士，空裡營謀事事成。鬼占強宮居旺地，洛陽花發又殘春。

鬼煞皆不尅身，及占強宮，要分戰鬭伏降。如鬼多，只宜九流。敗宮鬼多，身居強位，縱發又不如意。

無鬼不能成造化，無煞安能身有權。只怕鬼多兼煞眾，凶多吉少便為愆。

鬼強不可例言凶，鬼伏他家受制功。格曰伏降神內保，謙恭富貴福興隆。

貴人祿馬主溫和，神煞主猛烈。命中無鬼不成造化，無煞不成權柄。但恐多則分秀氣，不為吉也。

他來尅我我居強，我占強宮又不妨。鬼敗本強身富貴，名高仍且壽延長。

母生子旺母當虛，母占強宮又不虞。母旺子衰分四季，九重城裡任安居。

如金人見土為母，見水為子。如庚戌、乙酉、乙酉、乙酉、丙子胎，是金生四水，母生子衰。卻喜子衰母旺，而不為害。況金生八月，是得令之秋；煞不得地，而身得地，子不能竊母之氣，故貴。

母分四季產嬰孩，子旺強宮母卻衰。夏月木人逢火旺，家徒四壁免凶災。

凡上生於下，乃脫氣，不吉。如木命逢戊午之類，況是夏月，火復得時，乃子旺母衰，不貧則夭。

隔角三刑尅害多，直須離祖號行窠。自為自立方奇特，骨肉仍教內不和。

身體髮膚因父母，賢哲保身無毀傷。進退存亡能覺悟，吉人凶變作禎祥。

右十二宮神煞，古人所重。然必以主本旺相休囚、五行生尅制化，本之以財官印食，参之以貴人祿馬，然後看神煞輕重較量可也。若專論神煞，則誣矣。故取應天歌以為三命之一助云。

戰鬭伏降刑衝破合

戰鬭為祥力兩停，兩邊相制始為榮。夫妻相稱仍和順，平步青雲萬里程。

要知戰鬭福千鈞，四柱相停力不分。沙漠宣威聲萬里，詞場筆陣掃千軍。

此戰鬭為福格也。凡五行不戰，則體常為主；遇戰鬭則迭為賓主。己巳、癸酉、庚寅、辛巳，大林木依附庚寅，自立為主，癸酉勢孤，不能敵也。又有辛巳金為之輔，主自立為主。己巳主弱而疾，寅強，癸酉金刑，辛巳又弱。強弱相等，兩邊力停。我尅者為夫，受尅者為妻，夫妻剛柔相濟，所以戰鬭之中反得福也。

五刑遇戰主多更，相對相衝便鬭爭。若不贏翻作禍，力停須看兩相登。

刑衝戰鬭論輸贏，四柱偏頗力不停。魚腹有災防溺水，鼠牙莫近恐遭刑。

此戰鬭為禍格也。一命壬午、己酉、己巳、壬申，陽木生秋月，白帝司權，金得勝之時，木極衰弱。巳申酉皆金局，況壬申金得土以滋其勢，己巳又合起壬申為禍傷身，故三十八歲溺水而死。

上宮刑月月刑年，鬼在休囚勢自偏。帝座若還仍尅日，遞相關鎖福滔天。

此伏降為福格也。如乙巳、甲申、乙酉、己卯，乙酉敗水，生於甲申，而尅乙巳之火，火卻不得其位，而水反勝，鬼得其黨，謂之鬼嘯。卻喜己卯土先破乙酉水，後制甲申，互換相制，不能為禍，反以為吉也。

伏降為福下刑年，帝座居強代主權。心廣體胖膺百福，子孫榮貴慶雙全。

如甲子、丙寅、甲申、辛未，是土制水，水制火，火制金，皆反為福，必主簪纓累代福壽人也。

鬼來攻我鬼居強，我弱之時勢莫當。鬼煞兩般俱有氣，不空有合最為殃。

鬼逢專旺擅強梁，身弱名為我反降。若遇空亡應免禍，如無援救命難長。

此伏降為禍格也。如一命辛未、辛卯、己亥，鬼在強宮，卻喜甲申旬金空亡，故雖不能富貴，亦無災禍。未滿五十而死。

母被鬼傷子來救，子報母冤排左右。破其鬼賊衝其刑，破鬼衝刑為福壽。

此衝破為福格也。如戊午、癸亥、癸巳、丁巳，癸巳之絕水歸於癸亥，冬月水勝之時，而尅巳午無氣之火，況巳為破祿，亥為破宅，合主貧賤。今喜丁巳土就身，尅退癸巳，衝破癸亥，乃子來救母，一生富足入地。

鬼煞來刑要帶衝，交相衝破卻為功。文章獨步誇王粲，富貴雙全比石崇。

如乙亥、乙酉、癸巳、癸亥，衝破其鬼，反為福。一生富而好禮，名冠鄉閭。

破其祿馬破其庫，破了吉神無救助。神煞相殘破宅同，作丐人間無限數。

墓庫中為祿馬殘，更衝命宅一般般。如無吉曜居強正，活計猶如一范丹。

此衝破為禍格也。如鬼尅衰，謂之傷殘吉神格，無救助。如戊午、癸亥、癸巳、甲寅，又甲寅胎，三水歸依癸亥，而尅戊午之火，破丁祿，宅命宅，乃溝壑亡神，醫桑劫煞三次，投軍後作丐餓而死。

刑煞祿空兼有制，刑不入身為福會。同宮相制主得援，得援附主為祥瑞。

此制刑為福格也。如甲子、甲戌、甲寅、丁卯，甲戌癸落空亡，吞啖寡宿，空亡甲寅水尅退丁卯之火，不敢傷甲子之金，乃主得其援，反為福也。

制刑得援要空亡，不克身分福祿昌。金玉滿堂人富貴，少年高折桂枝香。

如庚寅、癸未、壬戌、乙巳、甲戌胎，甲戌、壬戌同宮，水火相爭，又喜甲戌歸于乙巳，不能刑乎

[illegible]

癸未。壬戌勢孤刑而不入。故主富貴。

戰鬭刑衝為大敵，敵得勝兮方是吉。投身如在鬼賊中，橫死冢亡刑憲及。

此惹刑為禍格也。如辛酉辛丑。癸酉壬子。癸酉辛酉。同宮戰鬭。刑於本身。就家降鬼。為鬼所制。被人殺死。

惹刑為禍最非良，停力同宮盡鬭傷。身若就降降鬼賊，難逃家破更身亡。

力停者。一位不能刑。二三位刑一位。乃以真刑也。如辛酉辛丑。己丑乙丑。得己丑之火。以殺其禍。

十般六合少人知，自古神仙不泄機。祿馬貴人旬內合，合中添福福無涯。

此六合為福格也。十般六合。乙解前。如甲寅辛未癸未戊午。此為小六合。合起貴人。而得陰人之助。致富貴福壽。

六合為祥一例推，合中增損為咸池。功名擬向為霖用，不謂雲行雨不施。

如真得秀。戊戌壬戌。壬申癸卯。金不能勝而木反勝。合中不喜。咸池增損。又且赴身咸池。雖人聰明。畢竟是滅福。又壬申傷木。在無土救。是為合中滅福。

合來神煞便為凶，神煞如何一樣同。各煞各宮專禍福，鬼神催使不由人。

此六合為禍格也。如己亥丙寅甲寅辛未。甲與己合。寅與亥合。合起亡神。吞峽孤辰。故主枉死于獄。辛日喜訟之過也。

六合為災不可當，官符亡劫一般詳。迷花戀酒弁龍養，好訟終身桎梏亡。

如庚子丙戌。乙酉丁亥。合咸池羊刃。平日不如人而好武。好龍養歌舞酒色。三十二生獄死。

生旺旺中生福慧，旺裏反宜鬼相制。得制方為福壽人，一重方可為祥瑞。

此生旺為福格。如甲寅癸酉。壬戌庚子。其父為太平宰相可也。謂腹中藏骨煞胎裏吽官。人是生旺中得鬼制是也。

生旺為祥在日時，鬼來制御卻相宜。桃花直透三層浪，桂子高攀第一枝。

如乙酉己酉。壬辰庚子。然戊子主自旺。又帶鬼尅身相制。是生旺鬼制之福。故主早年登第。

五行生旺不宜多，二兩重逢禍必過。旺裏若還無制御，傳尸癆瘵面閻羅。

此生旺為禍格也。如丁亥辛亥。己亥甲子。同宮戰鬭。非惟貧賤。又且癆瘵。十六歲死。

長生帝旺見重重，變福為災反不中。得鬼制他方滅禍，縱饒富貴也招凶。

如己未辛亥。甲午辛未。是少年迪功郎出身。未改官而凶。

死中得母絕逢生，富貴榮華別樣新。廉簡直溫無燥暴，朱衣元是黑頭人。

此死絕為福格也。如金人見戊寅。為絕處逢生。見庚子。為死中得母。見庚午。為敗中有救。皆為福矣。

人言死絕敢為凶，起死為生福反崇。深略沉機人謹重，康寧福壽足盈豐。

凡命死中得母。絕處逢生。敗中有救。主人沉機謹厚。而享大福。

死絕那堪鬼更傷，鬼居強位豈能當。若還祿宅皆衝破，失業亡家死異鄉。

此死絕為禍格也。如己亥庚午。戊午壬午。非惟木死于午。而祿死于午。賣盡田園。死于道路。

死絕重重鬼更逢，祿宮命宅併刑衝。若還四正無吉曜，定主伶仃別祖宗。

如戊午壬戌。癸亥癸亥。非惟火絕在亥。而且破命。宅祿宅定是離祖人也。干支戰鬭降伏。刑衝破命。乃神煞中之最要者。故併及之。